PE

THE PENGU

THE PENGUIN
SPANISH READER

Editor: R. A. Pemberton

Penguin Books

Penguin Books Ltd, Harmondsworth, Middlesex, England
Penguin Books Inc., 7110 Ambassador Road, Baltimore, Maryland 21207, U.S.A.
Penguin Books Australia Ltd, Ringwood, Victoria, Australia

First published in this collection in Penguin Books 1971

Made and printed in Great Britain
by Hazell Watson & Viney Ltd,
Aylesbury, Bucks
Set in Monotype Plantin

INTRODUCTORY NOTE

The aim of this book is to provide readers having a basic knowledge of Spanish but who are as yet unable to tackle standard contemporary reading-matter with a means of increasing that knowledge and extending their vocabulary. It may be used by individuals or by groups working with a teacher, and can be read purely for pleasure or as a fund of material for conversation, translation, précis-writing, etc. Most of the passages will provide a basis for discussion, and some may even provoke controversy.

The texts are arranged approximately in an order of increasing difficulty, but care has been taken to provide contrast from one passage to the next; however, in one or two places passages on similar or related themes have been juxtaposed. As the book progresses some longer extracts from contemporary novels are introduced, and towards the end a complete short story is included (number 120). Notes are given at the end of most of the passages to explain difficulties of vocabulary or construction which a reader could not easily guess or overcome with the help of a small standard dictionary, such as the Bantam *New College Spanish and English Dictionary* (1968), which the editor took as a model when compiling the notes. The latter also provide any background information necessary for understanding references made by the authors.

The texts are taken principally from a variety of recently-published material, although some older extracts have been included because of their excellence as literature and the usefulness of their language. They cover a wide range of themes and vocabulary, from the everyday and concrete to the abstract and rather technical. Many include information on the Spanish-speaking countries. Some are the work of the most outstanding writers in the Spanish languge. At the end of each passage there is a note on the nationality of the author or the country of origin of the periodical which has been quoted, unless this is obvious. At the end of the book full indexes will be found of subject-matter, authors and sources.

The editor wishes to express his sincerest thanks to his wife for her help in the preparation of the typescript, and to D. José Igarza for the considerable number of passages he has contributed.

[1]

El rudo labriego, después de pasar una noche en vela, pensó: 'El Estado debería concedernos créditos al dos por ciento de interés para comprar maquinaria agrícola y pagar en grano.'

Entonces fue corriendo a ver al delegado local del Sindicato y le dijo:

– Buenas tardes: El Estado debería concedernos créditos al dos por ciento de interés para comprar maquinaria agrícola a pagar en grano.

El delegado local visitó inmediatamente al delegado provincial y le dijo:

– Los rudos labradores tienen interés en comprar maquinaria agrícola con el dos por ciento de descuento a pagar en grano de su producción.

El delegado provincial encargó inmediatamente un avión para ir a la capital, consciente de su importante misión de portavoz. Solicitó una entrevista con el subdirector general y le dijo:

– El delegado local me informa que el dos por ciento de los rudos labradores quieren comprar maquinaria agrícola con el crédito de su producción de grano.

– Ahora mismo hablaré con el director general – dijo el subdirector.

Un momento después decía al director:

– Me comunica el delegado provincial que existe una grave inquietud entre los rudos labradores. Dicen que el dos por ciento de la maquinaria agrícola que utilizan para transportar el grano no tiene interés.

– Eso se arregla ahora mismo – dijo el director general.

Y tomando el teléfono solicitó hablar con el ministro.

– Es cuestión urgente. Ciento dos rudos labradores

quieren que se les facilite grano para poder transportar en la maquinaria agrícola que les interese.

–Está hecho – replicó el ministro.

Y al día siguiente apareció el importante decreto:

'Se crean en todo el país ciento dos dispensarios para prevenir y curar la aparición de granos en la epidermis de los labradores que utilicen maquinaria agrícola.'

La codorniz (España), 27 – x – 68

[2]

MI PADRE

Fue un hombre bueno. Un hombre
que llamaba a las cosas por su alma.
En su mirada había
una luz sonriente y golpeada.

Se perdió en los caminos de este mundo,
y, por vivir, dejó lo que nos salva:
el generoso afán, la mano abierta
que derrama memorias y esperanzas.

Se quedó solo y puro.
Dueño total de simples cosas mágicas.
Tan libre llegó a ser
que nada precisaba.

Y una tarde partió. Sin darse cuenta
se le durmió el cansancio en la almohada.

En sus ojos cerrados
se abría, con su muerte, su mañana.

Rafael de Penagos (España): *Como pasa el viento* (Aguilar, 1964)

[3]

La risa es la sal de la vida. Generalmente, los hombres risueños son sanos de corazón. La risa de un niño es como una loca música de la infancia. La alegría inocente se desborda en una catarata cristalina que brota en plena garganta.

Los pensadores meditabundos no ríen, porque viven en constante comunicación con lo infinito, en una vasta serenidad. Los bandidos, los hombres avezados al crimen, tampoco ríen; en su vida zozobrante y liviana, llenos de hiel y de sombra, siempre van acompañados de un negro ceño que mantiene en sus espíritus el espanto y el odio.

El orgullo, la vanidad, sonríen; la lujuria, la gula, el robo, pueden sonreír; la envidia no puede. Pálida y enferma, traga su propia bilis y está con el ceño arrugado, como la pintó el poeta latino, aplastada con la montaña del bien ajeno.

¡Bendigamos la risa!

Bendigamos la risa, porque ella libra al mundo de la noche.

Bendigámosla, porque ella es la luz de la aurora, el carmín del sol, el trino del pájaro.

Bendigamos la risa, porque es la predilecta del rey bebé, muñequito sonrosado y adorable que lleva paz y dicha a nuestras casas.

Bendigámosla, porque ella está en el ala de la mariposa, en el cáliz del clavel lleno de rocío, en el aderezo de rubíes que se contienen en el estuche de la granada.

Bendigámosla, porque es la salvación, la lanza y el escudo.

Rubén Darío (Nicaragua), en *Lengua y literatura española* (Estrada, 1953)

7 avezados: acostumbrados. 8 zozobrante: peligrosa. 18 carmín: *carmine* (*flower*). 23 en el aderezo de rubíes que se contienen en el estuche de la granada: la fruta de la granada se parece a unos rubíes, y la cáscara es, por lo tanto, como un estuche.

[4]

En el país vasco francés, a doscientos metros de la frontera española, existe, en el fondo de una gruta, una roca extraña cuya forma, al decir de las gentes, semeja la figura de un fraile de la Inquisición. Esta roca, desde tiempo inmemorial, gozaba fama entre los vascos – que guardaban celosamente el secreto – de curar, por contacto, las enfermedades de la piel. Ellos, en su lengua, la llaman 'Arpeko Saindua', que quiere decir 'la santa entre las rocas'. Lo que parecía superstición o leyenda, transmitida de una a otra generación y sin que la noticia saliese del país, toma hoy otro aspecto, pues conocida la existencia de la piedra y sometida ésta a un análisis científico, se ha descubierto que la humedad que de ella brota posee importantes calidades radiactivas. Esto viene a confirmar que los remedios caseros, el tratamiento de algunas enfermedades por métodos que parecen absurdos, pueden tener una base científica ignorada.

Semana (España), 25 – V – 54

[5]

Fidel Castro acostumbra a almorzar o cenar a horas intempestivas en los restaurantes y cafeterías de La Habana.

Hace dos semanas el dirigente de la revolución cubana se presentó a las dos de la mañana en la cafetería Pekín, una de las que frecuenta más regularmente. Iba acompañado de dos de sus colaboradores y de los ocho milicianos de su guardia personal, a la que los habaneros llaman 'perros'.

Castro entró en la cafetería y dijo en voz alta a los noctámbulos que aún quedaban allí a aquella hora: 'Buenas noches'. Todos contestaron menos un señor, sentado en un rincón, que ni siquiera levantó la cabeza.

Castro y sus dos colaboradores se sentaron en una mesa. Los ocho milicianos de su guardia personal, en otra. Uno de los compañeros de Castro, que había advertido lo sucedido, le habló de la 'incorrecta conducta' de aquel individuo.

El solitario cliente, que es una personalidad conocida en el mundo cultural cubano, y que ha rogado no se mencione su nombre en *SP*, levantó en un momento dado la vista del cuaderno de notas sobre el que estaba trabajando y vio que Castro le daba de nuevo las buenas noches. Lo leyó en sus labios, pero no lo escuchó, porque está completamente sordo. Comprendió también que había un clima de cierta tensión en la cafetería por su comportamiento.

Los labios de Castro volvieron a moverse. El cliente vio que le decía:

– Su cara me resulta conocida.

El cliente, casi a gritos, como hablan los sordos, contestó:

– La suya creo que también la he visto en alguna parte.

Los 'perros' hicieron un movimiento instintivo para empuñar las pistolas, pero una carcajada de Fidel Castro ante aquel rasgo de humor habanero originó el 'deshielo'.

Y el sordo y solitario cliente pudo así contar la anécdota al corresponsal de *SP*.

SP (España), 1° y 15 – VIII – 61

9 noctámbulos: trasnochadores. 18 *SP*: revista española de noticias. 26 me resulta: me parece.

[6]

NO TEMÁIS

No temáis. Todavía
cabe mucho dolor en cualquier hombre.
No se enloquece así,
tan fácilmente. No se rompe
como vaso de vidrio el corazón,
al primer golpe. Estamos sabiamente
hechos para sufrir,
con materiales duros, por la fuerte
mano artesana que hizo cada cosa.
Está tenso el cristal: por eso salta
tras su límite exacto. Mas al hombre
le quedarán sus gritos y sus lágrimas.
Le quedarán los ojos incansables,
las palabras, esa última tierra
de su sangre y sus huesos,
que tanto se resisten. Siempre queda
más allá del dolor, la muerte misma
prometiendo esperanzas,
ejecutando a solas su tarea,
enemiga de ayudas y llamadas.
No temáis. Nuestra vida no es el vaso
de vidrio que se rompe.
Cabe mucho dolor – o mucho amor –
en cualquier hombre.

Rafael Santos Torroella (España), en *ABC*,
26 – VII – 69

[7]

A veces está uno en un restaurant, y llega un inglés y se le sienta a uno en la mesa sin saludar sin pedir permiso y sin mirarle a uno. Es el inglés despectivo. Su ideal, mientras permanece a nuestra mesa, es demostrar que no está enterado de nuestra existencia. Para realizarlo, el inglés se obstina en no mirarle a uno, y esto le cuesta un trabajo terrible. Frecuentemente desdobla un periódico y se pone a leer; con el periódico interpuesto entre él y nosotros, el inglés puede abstenerse de mirar a los lados y evitarse una tortícolis; pero este ardid resulta cómico. ¿Qué lee el inglés? ¿Una noticia acerca de Caruso? ¿Un telegrama sobre los patagones? ¡Mire usted que enterarse de las vicisitudes de los patagones, que están tan lejos, sólo por no transigir con uno y reconocer, mediante una palabra o con un simple gesto, la realidad indudable de nuestra existencia!

Nosotros ya sabemos que no le hemos sido presentados al inglés; pero ¿es que alguien le ha presentado a las personas de que habla el periódico?

Yo gozo mucho con estos ingleses. Les dejo hacerse la ilusión de que no existo, y cuando el inglés despectivo está casi penetrado de esta ilusión, entonces voy y le piso un callo. No lo hago por venganza, sino para demostrar mi existencia de un modo experimental.

– *I am sorry* – digo.

A veces el inglés hace un ademán vago como diciendo:

– Usted se figura que me ha pisado; pero yo no puedo creer en el pisotón de usted, porque, como yo no le conozco a usted oficialmente, usted no existe para mí.

Esto puede decir el ademán del inglés, o bien esto otro:

– Si usted existiera para mí, si yo pudiera tomarle a usted en cuenta como un ser viviente, ¡de qué modo tan admirable yo le 'boxearía' a usted!

Otras veces el pisotón no le deja al inglés lugar a dudas. Tiene que rendirse a la evidencia de nuestros pies; y cuando se cree que uno tiene pies, pues se cree que uno existe y que uno es susceptible de escribir artículos de periódicos.

Lo más divertido es ver a dos ingleses despectivos juntos. Cada uno se esfuerza en demostrar una indiferencia absoluta del otro. Si el uno tuerce el pescuezo hacia la derecha, el otro lo tuerce hacia la izquierda.

Así permanecen dos, tres, cinco minutos. Luego cambian. Se les ve pendientes constantemente al uno del otro para dirigirse un desdén recíproco. Ambos miran a las otras mesas; ambos leen sus periódicos, se interesan por todo lo que pasa en uno y otro hemisferio; pero ninguno se digna tomar en consideración a su vecino inmediato, al que comparte la mesa con él. Cada uno de ellos parece decirle a la Humanidad:

– Yo no sé que haya nadie sentado a mi mesa. ¿Ven ustedes este señor que está sentado a mi mesa? Pues yo no tengo la menor noticia de él. Fíjense ustedes bien. ¿Verdad que no se nota que yo le haya visto? Ustedes no saben la indiferencia que me inspira este señor. Si ahora se muere de repente, pues me quedaré tan fresco, y seguiré fumando mi pitillo. Este señor no tiene realidad ninguna para mí. Lo más insignificante que hay para mí en el mundo es este señor que tengo enfrente. No. No crean ustedes que me molesta. Ni me molesta ni me agrada. No existe. Por lo menos yo no me doy cuenta de que existe. ¿Es que no se nota bien claro que yo no me doy cuenta de que existe?

Julio Camba (España): *Londres*
(Espasa-Calpe, Madrid, 1959)

1 se le sienta a uno en la mesa: *he sits at your table.* 12 los patagones: habitantes de Patagonia, en la Argentina. 12 Mire usted que enterarse: *Just think! Reading about . . . !* 3 otomarle austed en cuenta: considerarle. 36 susceptible: capaz.

[8]

El pastor, lánguidamente,
con la cayada en los hombros,
mira cantando los pinos
del horizonte brumoso,

y el rebaño soñoliento
levanta nubes de polvo
y hace llorar sus esquilas
bajo la luna de oro.

En la aldeíta del valle
tiembla el humo blanco; todo
lo que era alegre al sol, sueña
no sé qué amores llorosos.

Si pasaran por el río
unos novios melancólicos,
habría lágrimas tibias
y secretas en sus ojos;

y el paisaje les diría
su dulce pena de novios
en la penumbra que dora
el plenilunio de otoño.

Flota el humo blanco; el valle
se ha quedado triste y solo;
la esquilas van llorando
bajo la luna de oro.

Juan Ramón Jiménez (España): *Pastorales*
(Biblioteca Renacimiento, 1911)

2 cayada: cayado.

[9]

El lenguaje silbado de los naturales de La Gomera es una de las manifestaciones más típicas y curiosas del folklore de aquella región. Los campesinos de la isla se comunican a grandes distancias mediante silbidos estridentes, cuyas inflexiones y sonidos permiten expresar todas las ideas y mantener animados diálogos.

No se trata de la emisión de sonidos convencionales, sino de palabras y frases completas que constituyen un verdadero lenguaje de abundante y variada terminología. Las palabras cortas se hacen más sonoras para facilitar la audición mediante un prefijo que las alarga y aclara. Cada silbador posee su estilo característico, como cada persona su forma habitual de expresarse. Una habilísima combinación de los labios, la lengua y los dedos de ambas personas producen el vibrante sonido que, a veces, recorre distancias superiores a los cuatro kilómetros.

Se aprende el silbo en la niñez como se aprende a hablar articulando torpemente los primeros vocablos. Las mujeres se expresan también por este curioso procedimiento; pero, cuando la mujer se adiestra en el lenguaje silbado, percibe, más claramente que el hombre, la articulación de los sonidos y las modulaciones de las frases.

Tales sonidos varían en su timbre y ritmo, siendo ora suaves, melodiosos, graves, agudos, desgarradores, ora cadenciosos, imperativos; ya, por fin, tristes, suplicantes.

Pero este raro lenguaje no representa solamente una manifestación pintoresca de lejanas traducciones, sino la utilidad de un sistema de comunicación entre gentes que viven distanciadas por la bravura del paisaje.

F. Rodríguez Batllori (España), en
Lengua y literatura española (Estrades, 1953)

1 La Gomera: una de las Islas Canarias. 20 se adiestra: adquiere habilidad. 24 desgarradores: conmovedores. 25 ya: a veces. 27 de lejanas traducciones: de origen antiguo. 29 bravura: *ruggedness.*

[10]

Con el verano, el español reclama en los establecimientos de refrescos la típica horchata. Bebida blanca y dulce, que se extrae de la chufa, pequeño tubérculo, de cultivo a escala mayoritaria en la región valenciana.

El pueblo de La Huerta, a unos cuatro kilómetros de la capital, recoge anualmente dos millones y medio de kilos de chufas, cantidad suficiente para abastecer, prácticamente, el consumo en toda España.

De un kilo de chufas se pueden obtener, como máximo, cinco litros del agradable refresco. En su elaboración no hay secretos: basta mezclar la pasta de la chufa en la proporción mencionada, con 200 gramos de azúcar por cada litro de agua. A ello precederán las operaciones de lavar la chufa, picarla y exprimirla, para, efectuada la mezcla, proceder a su helado y posterior servicio.

Nadie ha conseguido embotellar la verdadera horchata valenciana, que difícilmente puede mantenerse en buenas condiciones más de cuarenta y ocho horas. Dentro de este plazo, se hacen envíos a distancia – a Madrid, por ejemplo – de horchata elaborada para ocasiones especiales.

En el invierno cesa la elaboración en las fábricas, para iniciarse en marzo con las 'fallas'. Sin embargo, en Valencia se encuentran horchaterías en activo todo el año.

España semanal, 23 – VI – 69

6 la capital: la ciudad de Valencia, capital de la provincia del mismo nombre. 10 elaboración: preparación. 12 mencionada: *aforementioned.* 22 fallas: fiestas que se celebran anualmente. 23 en activo: funcionando.

[11]

SOL DE MONTERREY

No cabe duda: de niño,
a mí me seguía el sol.
Andaba detrás de mí
como perrito faldero;
despeinado y dulce,
claro y amarillo:
ese sol con sueño
que sigue a los niños.

Saltaba de patio en patio,
se revolcaba en mi alcoba.
Aun creo que algunas veces
lo espantaban con la escoba.
Y a la mañana siguiente,
ya estaba otra vez conmigo,
despeinado y dulce,
claro y amarillo:
ese sol con sueño
que sigue a los niños.

(El fuego de mayo
me armó caballero:
yo era el Niño Andante,
y el sol, mi escudero.)
Todo el cielo era de añil;
toda la casa, de oro.
¡Cuánto sol se me metía
por los ojos!
Mar adentro de la frente,
adonde quiera que voy,

aunque haya nubes cerradas,
¡oh, cuánto me pesa el sol!
¡oh, cuánto me duele, adentro,
esa cisterna de sol
que viaja conmigo!

Yo no conocí en mi infancia
sombra, sino resolana. –
Cada ventana era sol,
cada cuarto era ventanas.
Los corredores tendían
arcos de luz por la casa.
En los árboles ardían
las ascuas de las naranjas,
y la huerta en lumbre viva
se doraba.
Los pavos reales eran
parientes del sol. La garza
empezaba a llamear
a cada paso que daba.

Y a mí el sol me desvestía
para pegarse conmigo,
  despeinado y dulce,
  claro y amarillo:
  ese sol con sueño
  que sigue a los niños.

Cuando salí de mi casa
con mi bastón y mi hato,
le dije a mi corazón:
– ¡Ya llevas sol para rato!
Es tesoro – y no se acaba:
no se me acaba – y lo gasto.
Traigo tanto sol adentro
que ya tanto sol me cansa. –

Yo no conocí en mi infancia
sombra, sino resolana.

Alfonso Reyes (México): *Obra poética*
(Fondo de Cultura Económica, 1952)

Monterrey: ciudad del norte de México, donde el calor puede ser extremado. 21 Niño Andante: juego de palabras a base de 'caballero andante'. 35 resolana: luz de sol. 38 corredores: *gallery of arches along the side of houses.* 57 para rato (familiar): que durará mucho tiempo.

[12]

De todo lo que he leído acerca de la ciudad futura, he sacado dos conclusiones: que existe más tendencia a reestructurar las ciudades viejas que a crear ciudades nuevas. Cosa que me parece, de cara al futuro, un error gravísimo. Y que no existe para tales reestructuraciones una orientación clara definitiva. Que no se ha llegado todavía a un concepto matemático de la ciudad futura. Y mientras no se llegue, ¡palos de ciego!

El ajedrez se inventó perfecto. Y lo prueba que no ha variado en dos o tres mil años, desde que se inventó. Simplemente porque se inventó matemáticamente bien resuelto. Lo mismo que el segundo tiempo de la Sinfonía no. 3 en re mayor de Bach, la inmortal Aria de Bach, inmortal por haber nacido matemáticamente perfecta.

¿Y por qué no se podrían levantar ciudades nuevas matemáticamente perfectas?

Yo, en el avión, me atrevo a soñar cómo serían esas ciudades. Y aquí me atrevo a decirlo, como contribución al bienestar de la humanidad futura. No soy urbanista, pero soy algo poeta. Y creo que la auténtica poesía es lo más parecido a la matemática pura.

Mi ciudad futura soñada es la Ciudad-Bloque. Que no tiene casas, como esto que ahora llamamos 'casa', ni tiene calles.

Se empieza la ciudad por un bloque redondo, con gran espacio libre central. Un bloque, supongamos, de cuarenta pisos. Con cien viviendas en cada planta. Todas las viviendas con aberturas a la fachada y al gran espacio central, todas con sol a una u otra hora. Cuatro mil viviendas por bloque, alrededor de los veinte mil vecinos. Y cada bloque organizado como una pequeña ciudad de veinte mil almas. Con todo lo que hace falta en una pequeña ciudad para el bienestar de sus vecinos: aparcamiento, deporte, diversión, cultura, comunidad . . . ¡todo! Y, a lo lejos, otro bloque igual. Y otro y otro. Diez bloques, una ciudad de doscientos mil habitantes. Cien bloques, una ciudad de dos millones. Y entre bloque y bloque anchas autopistas entre dilatados espacios verdes.

Cuando me sobre tiempo dibujaré un proyecto de mi ciudad futura. No sé si me saldrá. Y lo propondré a . . . no sé quién. Intenté hablar una vez en serio de mi ciudad futura a un urbanista y él me dijo:

– Se tardaría mucho tiempo en hacer esto.

– Sí, claro, lo supongo. Pero cuanto más se tarde en empezar, más tiempo será.

– Y nuestras viejas ciudades actuales, ¿qué?

– ¿Pero no dicen que en poco tiempo se doblará la población del mundo? Pues también hace falta doblar las ciudades, digo yo.

Y así quedamos.

Noel Clarasó (España), en *Mundo*, 16 – XII – 67

8 ¡palos de ciego!: *threshing about blindly*. 13 re mayor (mús.): *D major*. 27 planta: piso. 37 dilatados: anchos. 39 cuando me sobre tiempo: cuando tenga tiempo suficiente. 40 si me saldrá: si resultará bien. 46 ¿qué?: *what about them*?

[13]

Para ver una corrida de toros, es condición indispensable no perder de vista al toro. Es muy importante lo que hace el toro. Donde está el toro, está la corrida. El que sólo mira al torero, ve la mitad. Hay que mirar al toro y al torero, pero primero al toro. Todo gira en el ruedo alrededor del toro. Por él dictó la experiencia de los grandes maestros las reglas de la Tauromaquia, que son las leyes de la gravitación del toreo. El toro, no solamente es el protagonista, es el objeto del espectáculo. El espectador que distrae su vista del toro, en aquel instante deja de ver la corrida. Al mirar al toro, no solamente vemos lo que hace el toro, sino lo que hacen con él los toreros. Y relacionando lo que hace el toro y la intervención del torero, que esto es la corrida, juzgamos. Acabamos de definir la lidia. La posibilidad del toreo, la da el toro. Y de esto, depende el conocimiento del espectador. No olvidemos esta premisa: el toreo es función del toro.

La bravura del toro tiene un gran parecido con el valor del torero. Porque si el toro defiende su temor al hombre que le hostiga y le hiere, acometiendo con bravura, el torero tranquiliza su miedo toreando valerosamente. Son dos miedos que se encuentran, se retan y chocan, el miedo del toro bravo al torero, y el miedo del torero valiente al toro. Este acoplamiento de bravura y valor, al enfrentarse y temerse, hace posible la maravilla del toreo.

Gregorio Corrochano (España): *Cuando suena el clarín* (Alianza Editorial, 1966)

13 que esto es la corrida: la corrida consiste en esto. 16 premisa: punto fundamental, *premise*. 16 el toreo es función del toro: el toreo depende del toro.

[14]

En su origen el trabajo fue el contenido total de la vida. El Dios del *Génesis* puso el ejemplo al crear afanosamente el mundo en seis días. No concibo que pueda imaginarse un trabajo más arduo. El hombre fue creado a imagen y semejanza de Dios. Reflexionad: a imagen y semejanza del Dios laborioso del *Génesis*. El hombre vivía entonces en el Edén; pero el incidente de la confusión de las frutas y la coquetería de la mujer con el árbol de la ciencia hizo que lo arrojaran del Paraíso. Se le castiga. ¿Cuál es su castigo? El trabajo. Se le condenó, como dice la Biblia (*Génesis*: III, 19 y 22), a comer el pan con el sudor de su frente y a labrar la tierra. El trabajo, pues, se concibe como un castigo. Y este mismo sentido tienen, por otra parte, ciertos mitos antiguos, como los de Sísifo y las Danaides.

La humanidad se encuentra entonces ante un dilema en apariencia insoluble. El hombre, a imagen y semejanza del Dios laborioso del *Génesis*, recibe como atributo divino el trabajo. Pero al hombre arrojado del Paraíso se le impone el trabajo como castigo. ¿Es el trabajo malo? Si es malo, ¿por qué trabajó Dios sin descanso toda la semana bíblica? ¿Puede Dios ejecutar actos que no sean la perfección misma? Y si el trabajo es una muestra de la perfección divina, ¿por qué se le impone al hombre como castigo? . . .

Ahora bien: los pueblos sajones son los defensores tradicionales del tan citado demiurgo laborioso del *Génesis*; creen en el trabajo por el trabajo mismo. Los pueblos latinos están en el otro campo. Cuando acabe por derrumbarse la teoría de la divinidad del trabajo, los pueblos sajones caerán en la decadencia. No sabrán qué hacer, porque es más difícil manejar el ocio que el trabajo. Sobre esto hay ejemplos sin cuento. Todos habéis visto cómo los sajones van como sombras por Europa en sus semanas de asueto: no les contentan las ruinas de Roma ni los castillos del Rin, ni las iglesias de Francia ni las ciudades de España. Y un buen día, antes de que terminen sus vacaciones, regresan felices a Nueva York, Londres o Hamburgo a seguir encadenados a su mostrador o a su escritorio, ansiosos de volver a sus insulsas tareas de empaquetar, dictar cartas y revisar facturas. Toda su civilización descansa en la tosca invención de acumular y revolver la materia para no quedarse solos con el espíritu. Por eso no debe extrañarnos que hayan impuesto el trabajo aun en aquellos casos en que es innecesario.

Antonio Castro Leal (México), en *El ensayo mexicano moderno* (Fondo de Cultura Económica, 1958)

14 Sísifo: personaje mitológico; después de muerto fue castigado a subir una enorme piedra desde la base de una montaña a la cima, donde la piedra volvía a caer. *Sisyphus*. 14 las Danaides: personajes mitológicos condenados a llevar agua en vasijas agujereadas. *Danaïds*. 25 demiurgo: Dios Creador. 26 el trabajo por el trabajo mismo: *work for work's sake*.

[15]

Sepa usted que el español es, por lo general, un tipo simpático. Más el del Sur que el del Norte, para los extravertidos. Más el del Norte que el del Sur, para los introversos. Es decir, que le llegará a usted antes, por más directa y verbalista, la simpatía del Sur, pero sería aventurado considerarla de más quilates que la norteña. Hará usted antes amigos en el Sur – la gente del Norte es más reservada y tímida –, pero cuando el del Norte le apriete la mano, usted tendrá un amigo de verdad.

Madrid, resumen y síntesis de España, ciudad despersonalizada aparentemente y quizá de más rica personalidad que ninguna otra española, es particularmente cordial y efusiva. Si le decimos que en Madrid se sentirá usted como en su propia casa, no debe usted creer que le hemos colocado un 'slogan'. No hemos hecho más que expresar una verdad fácil y felizmente verificable.

El español viene siendo juzgado a menudo por observadores precipitados y amantes de la generalización, bien como un tipo severamente serio, o bien un sujeto impertinentemente alegre. No vamos a negar que existen en nuestro suelo almas enlutadas y cabezas locas, pero estos tales son la excepción que sirve a los caricaturistas fáciles y moralistas aficionados. El español por lo común, se dará usted cuenta en seguida, es serio en lo esencial y alegre en los signos externos. Toma a broma casi todo – la vida y la muerte, sin ir más lejos –, pero esto no quiere decir que no le preocupen seriamente. Es más, sus constantes chuflas al respecto prueban esta preocupación. Los libros de Unamuno, prototipo de español serio y de hombre angustiado, son, en muchas de sus páginas, singularmente divertidos . . .

El sentido del honor está agudamente desarrollado en el español. Ya no se bate en duelo, con lo que la estética de las costumbres ha perdido un aliciente, pero sigue tomándose muy a pecho todo lo que empaña o puede empañar su dignidad personal. Seguramente, todo español se siente un poco hidalgo aún, hasta los mendigos. Y de ahí que siga siendo, en lo material, más bien desinteresado. (Mucho nos tememos que esta última virtud, secularmente embellecedora del caballero hispano, esté empezando a estar seriamente amenazada. El español, aunque 'diferente', se asoma también al espíritu del siglo y no tiene más remedio que respirar su peculiar atmósfera, tan impregnada de sentido mercantil.) . . .

El español suele vestir bien, la española, mejor, y los

españolitos, casi todos como si fuesen príncipes (el niño español es el 'rey de la casa', y, desde luego, se le trata como a tal). El español es un sujeto que parece tener a deshonor el que sus zapatos no aparezcan permanentemente brillantes o que la raya de sus pantalones esté desdibujada. Por su parte, casi todas las españolas se preocupan primorosamente de la peluquería, de que sus tacones sean altos y de que las estrellas del cine no les aventajen en esbeltez.

El hábito no suele hacer siempre al monje. Ni los trajes españoles indicar claramente la cifra aproximada de nuestro numerario personal. Casi todos los españoles visten un poco mejor de lo que sus economías aconsejan. Sólo los millonarios o los indigentes se permiten, en este país, cierto desaliño indumentario.

'Máximo' (España): *España para usted* (Servicio de Publicaciones, Subsecretaría de Turismo)

3 introversos: también se dice 'introvertidos'. 5 verbalista: habladora. 18 bien . . . o bien: *either* . . . *or*. 27 chuflas: bromas. 28 Unamuno: filósofo y literato (1864–1936). 40 'diferente': referencia al slogan turístico 'España es diferente'. 49 esté desdibujada: haya perdido su nitidez. 53 El hábito: referencia al refrán 'El hábito no hace al monje'.

[16]

Todavía no es suficiente lo que ha dicho, todavía no alcanzo a comprenderlo. Pero ya aprendí a no impacientarme y me acurruco junto a la nana y aguardo. A su tiempo son pronunciadas las palabras.

– Al principio – dice –, antes que vinieran Santo Domingo de Guzmán y San Caralampio y la Virgen del Perpetuo Socorro, eran cuatro únicamente los señores del cielo. Cada uno estaba sentado en su silla, descansando. Porque ya habían hecho la tierra, tal como ahora la contemplamos, colmándole el regazo de dones. Ya habían hecho el mar frente al que tiembla el que lo mira. Ya habían hecho el viento para que fuera como el guardián de cada cosa, pero aún les faltaba hacer al hombre. Entonces uno de los cuatro señores, el que se viste de amarillo, dijo:

– Vamos a hacer al hombre para que nos conozca y su corazón arda de gratitud como un grano de incienso.

Los otros tres aprobaron con un signo de su cabeza y fueron a buscar los moldes del trabajo.

– ¿De qué haremos al hombre? – preguntaban.

Y el que se vestía de amarillo cogió una pella de barro y con sus dedos fue sacando la cara y los brazos y las piernas. Los otros tres lo miraban presentándole su asentimiento. Pero cuando aquel hombrecito de barro estuvo terminado y pasó por la prueba del agua, se desbarató.

– Hagamos un hombre de madera, dijo el que se vestía de rojo. Los demás estuvieron de acuerdo. Entonces el que se vestía de rojo desgajó una rama y con la punta de su cuchillo fue marcando las facciones. Cuando aquel hombrecito de madera estuvo hecho fue sometido a la prueba del agua y flotó y sus miembros no se desprendieron y sus facciones no se borraron. Los cuatro señores estaban contentos. Pero cuando pasaron al hombrecito de madera por la prueba del fuego empezó a crujir y a desfigurarse.

Los cuatro señores se estuvieron una noche entera cavilando. Hasta que uno, el que se vestía de negro, dijo:

– Mi consejo es que hagamos un hombre de oro.

Y sacó el oro que guardaba en un nudo de su pañuelo y entre los cuatro lo moldearon. Uno le estiró la nariz, otro le pegó lo dientes, otro le marcó el caracol de las orejas. Cuando el hombre de oro estuvo terminado lo hicieron pasar por la prueba del agua y por la del fuego y el hombre de oro salió más hermoso y más resplandeciente. Entonces los cuatro señores se miraron entre sí con complacencia. Y colocaron al hombre de oro en el suelo y se quedaron esperando que los conociera y que los alabara. Pero el hombre de oro permanecía sin moverse, sin parpadear, mudo. Y su corazón era como el hueso del zapote, reseco y duro. Entonces tres de los cuatro señores le preguntaron al que todavía no había dado su opinión:

– ¿De qué haremos al hombre?

Y éste, que no se vestía ni de amarillo ni de rojo ni de negro, que tenía un vestido de ningún color, dijo: – Hagamos al hombre de carne.

Y con su machete se cortó los dedos de la mano izquierda. Y los dedos volaron en el aire y vinieron a caer en medio de las cosas sin haber pasado por la prueba del agua ni por la del fuego. Los cuatro señores apenas distinguían a los hombres de carne porque la distancia los había vuelto del tamaño de las hormigas. Con el esfuerzo que hacían para mirar se les irritaban los ojos a los cuatro señores y de tanto restregárselos les fue entrando un sopor. El de vestido amarillo bostezó y su bostezo abrió la boca de los otros tres. Y se fueron quedando dormidos porque estaban cansados y ya eran viejos. Mientras tanto en la tierra, los hombres de carne, estaban en un ir y venir, como las hormigas. Ya habían aprendido cuál es la fruta que se come, con qué hoja grande se resguarda uno de la lluvia y cuál es el animal que no muerde. Y un día se quedaron pasmados al ver enfrente de ellos al hombre de oro. Su brillo les daba en los ojos y cuando lo tocaron, la mano se les puso fría como si hubieran tocado una culebra. Se estuvieron allí, esperando que el hombre de oro les hablara. Llegó la hora de comer y los hombres de carne le dieron un bocado al hombre de oro. Llegó la hora de partir y los hombres de carne fueron cargando al hombre de oro. Y día con día la dureza de corazón del hombre de oro fue resquebrajándose hasta que la palabra de gratitud que los cuatro señores habían puesto en él subió hasta su boca.

Los señores despertaron al escuchar su nombre entre las alabanzas. Y miraron lo que había sucedido en la tierra durante su sueño. Y lo aprobaron. Y desde entonces llaman rico al hombre de oro y pobres a los hombres de carne. Y dispusieron que el rico cuidara y amparara al pobre por cuanto que de él había recibido beneficios. Y ordenaron que el pobre respondería por el rico ante la cara de la verdad. Por eso dice nuestra ley que ningún rico puede entrar al cielo si un pobre no lo lleva de la mano.

Rosario Castellanos (México): *Balún-Canán*
(Fondo de Cultura Económica, 1961)

3 la nana: la criada indígena que cuida a la niña que es protagonista de la novela. 3 A su tiempo: en el momento debido. 5 Santo Domingo de Guzmán, San Caralampio y la Virgen del Perpetuo Socorro: patrones venerados en el estado de Chiapas, México. 13 les faltaba hacer al hombre: *they had yet to create man.* 20 pella de barro: *ball, pellet of earth.* 47 zapote: árbol de fruto rojo. 47 reseco: *shrivelled up.* 75 cargando: llevando. 75 día con día: a medida que pasaban los días.

[17]

En la Antigüedad la Península estuvo habitada por diversos pueblos pertenecientes a distintos grupos raciales (*iberos, celtas,* etc.) y que hablaban diferentes lenguas. Los que vivían más cerca de las costas mediterráneas recibieron el influjo civilizador de los *fenicios* y los *griegos,* pueblos de superior cultura que fundaron algunas colonias en el litoral mediterráneo. Pero esta influencia apenas llegó a las tribus del interior de la Península. El hecho decisivo para la historia de España fue la conquista del país por *Roma.*

España formó parte del Imperio romano durante muchos siglos; por esto la huella de Roma sería tan profunda. Los romanos llamaron a la península *Hispania* y dieron a las tribus hispanas un sentido de unidad, integrando el país entero a su gran imperio, fundiéndose con los indígenas e implantando su superior cultura y su lengua, el *latín*, de la que derivarían los tres idiomas que se hablan en la península (sólo el vasco es una lengua prerromana).

Bajo el Imperio romano, Hispania atravesó por un largo período de paz, aumentando extraordinariamente su población y su desarrollo económico y cultural. Además, durante esta época se introdujo y extendió por España el *Cristianismo*, otro hecho fundamental de nuestra historia.

En el siglo v desapareció el Imperio romano bajo las invasiones de los *pueblos germanos* del Norte de Europa. A España llegaron, entre otros, los *visigodos*, que fundaron un reino y acabaron por fundirse con los hispanorromanos, adoptando su lengua y su cultura.

Pero no mucho más tarde, al empezar el siglo VIII, España fue conquistada por los *musulmanes* del norte de África, que también se fundieron con los hispanos, pero imponiéndoles su lengua árabe, su religión (el Islam) y su civilización. Así la mayor parte de España pasó a formar parte del gran *Imperio árabe*, un mundo muy distinto del cristiano europeo. Este hecho distingue la historia de España de la de otros países de Europa (Francia, Alemania, Italia, etc.), que no pertenecieron a la civilización del Islam.

Sin embargo, desde el primer momento de la conquista musulmana surgieron a lo largo de las cordilleras del norte de España diversos núcleos de cristianos que se rebelaron contra el Islam y que constituyeron pequeños *reinos* que poco a poco fueron extendiendo su territorio hacia el sur a expensas de los musulmanes. Durante ocho siglos, comprensivos de la Edad Media, cristianos y musulmanes lucharon constantemente para extender y defender sus fronteras. Esta lucha es la *Reconquista*. Aunque enemigos, cristianos y musulmanes se influían mutuamente en su cultura; al principio la musulmana era superior a la de los cristianos y la ciencia del Islam se introdujo en Europa a través de España.

El más grande y poderoso de los reinos cristianos fue el de *Castilla*, que unificó políticamente a castellanos, leoneses, gallegos, asturianos y vascos, y conquistó a los musulmanes Castilla la Nueva, Extremadura, Murcia y el Valle del Guadalquivir. Los aragoneses y los catalanes, por su parte, crearon los reinos de *Valencia* y *Mallorca*, arrebatados al Islam, y conquistaron los de Cerdeña, Sicilia y Nápoles en Italia, formando una gran confederación de reinos, bajo un monarca común, llamada la *Corona de Aragón*. El reino de *Portugal* realizó atrevidas expediciones marítimas por la costa de África, y finalmente el de *Navarra* defendió su independencia frente a sus vecinos. En cuanto a los musulmanes, acabaron por quedar reducidos al reino de *Granada*. Durante estos siglos se fueron formando, por deformación del latín, las lenguas castellana, catalana y galaico-portuguesa.

A fines del siglo XV todos los reinos españoles menos Portugal, se reunieron bajo una sola Corona, la de los *Reyes Católicos* (Fernando de Aragón e Isabel de Castilla), que conquistaron Granada, terminando así la Reconquista, e incorporaron Navarra. En este mismo reinado se *descubrió América* y empezó la *colonización* y *cristianización* de este inmenso continente, la más grande de las empresas con las que España ha contribuido a la Historia Universal.

Durante el siglo XVI España fue el centro de un poderoso imperio que además de los reinos españoles y los italianos comprendía Flandes, Portugal, las Indias y otros territorios. Las armas de la Monarquía hispana lucharon en toda Europa defendiendo el Imperio y el Catolicismo contra numerosos enemigos. En esta época (reinados de Carlos I, que además fue emperador de Alemania, y Felipe II) la Monarquía hispana fue la primera potencia del mundo, pero lo más importante fue que también el Arte, las Letras y la Ciencia española brillaron a una altura inigualada (*Siglo de Oro*).

Pero este enorme esfuerzo arruinó a Castilla, que había llevado el peso principal de la lucha y la colonización de América. El Imperio se deshizo en el siglo XVII, se separó Portugal, y al empezar la siguiente centuria (la XVIII) la Monarquía hispana quedó reducida a los reinos españoles. Hubo entonces un cambio de dinastía. Una nueva Casa real, los *Borbón*, de origen francés, sucedió a la Casa de Austria que había gobernado el Imperio desde Carlos I.

Con la nueva dinastía tuvo lugar un cambio político trascendental. En lugar de los diversos reinos con sus leyes y sus gobiernos, existió el reino de España, con una organización uniforme (igual en todas partes), al estilo de Francia y basada en las leyes de Castilla. Empezó a formarse una *conciencia nacional española* (que todos los españoles formaban una sola nación y un solo Estado) y se emprendieron grandes reformas políticas y económicas. Cuando, al empezar el siglo XIX, el emperador de Francia, Napoleón, quiso someter España a su Imperio, los españoles reaccionaron con gran energía en el transcurso de una guerra muy dura (*Guerra de la Independencia*).

Después de la Guerra de Independencia, España vivió agitada por frecuentes luchas internas entre los defensores de diversas ideas políticas. Durante el siglo XIX se ensayaron diferentes formas de gobierno y hubo frecuentes cambios políticos, muchas veces acompañados de violencias. En esta época se separaron de España la mayor parte de los territorios de América.

En las últimas décadas del siglo XIX empezó una época de paz y progreso (la *Restauración*), la población aumentó considerablemente, se inició la industrialización y el país hizo un esfuerzo para superar el retraso económico y social en el que se había situado en relación con los países más progresivos de Europa. Pero el aumento de la población y la industrialización plantearon graves problemas que los gobiernos no pudieron resolver satisfactoriamente. Se perdieron las últimas colonias (Cuba, Filipinas) y hubo nuevamente una gran agitación política y social intentando encontrar soluciones más progresivas. En 1931 se instauró la II República y cinco años más tarde se produjo una nueva guerra civil, que terminó con la victoria de las armas nacionales bajo la égida del general Franco (1939), con cuya exaltación a la Jefatura del Estado se inauguró una nueva época de la historia de España.

Santiago Sobrequés Vidal (España):
España geográfica (Teide, 1968)

24 germanos: *Germanic*. 32 pasó a formar: llegó a formar. 51 leoneses: naturales del reino de León. 56 Cerdeña: *Sardinia*. 64 galaico: gallego. 76 las Indias: América. 90 los Borbón: *Bourbons*. 90 la Casa de Austria: los Habsburgos, *Habsburgs*. 93 trascendental: importante. 97 consciencia: *consciousness*. 111 década: período de diez años. 119 nuevamente: de nuevo.

[18]

ADELFOS

Yo soy como las gentes que a mi tierra vinieron
– soy de la raza mora, vieja amiga del sol –,
que todo lo ganaron y todo lo perdieron.
Tengo el alma de nardo del árabe español.

Mi voluntad se ha muerto una noche de luna
en que era muy hermoso no pensar ni querer . . .
Mi ideal es tenderme, sin ilusión ninguna . . .
De cuando en cuando un beso y un nombre de mujer.

En mi alma, hermana de la tarde, no hay contornos . . .
y la rosa simbólica de mi única pasión
es una flor que nace en tierras ignoradas
y que no tiene aroma, ni forma, ni color.

Besos, ¡pero no darlos! Gloria . . . ¡la que me deben!
¡Que todo como un aura se venga para mí!
Que las olas me traigan y las olas me lleven
y que jamás me obliguen el camino a elegir.

¡Ambición!, no la tengo. ¡Amor!, no lo he sentido.
No ardí nunca en un fuego de fe ni gratitud.
Un vago afán de arte tuve . . . Ya lo he perdido.
Ni el vicio me seduce, ni adoro la virtud.

De mi alta aristocracia dudar jamás se pudo.
No se ganan, se heredan elegancia y blasón . . .
Pero el lema de casa, el mote del escudo,
es una nube vaga que eclipsa un vano sol.

Nada os pido. Ni os amo ni os odio. Con dejarme
lo que hago por vosotros hacer podéis por mí . . .
¡Que la vida se tome la pena de matarme,
ya que yo no me tomo la pena de vivir! . . .

Mi voluntad se ha muerto una noche de luna
en que era muy hermoso no pensar ni querer . . .
De cuando en cuando un beso, sin ilusión ninguna.
¡El beso generoso que no he de devolver!

Manuel Machado (España): *Antología*
(Espasa-Calpe, Madrid, 1966)

Adelfos: *oleanders*. 4 nardo: pequeña flor blanca; *spikenard*.

[19]

He oído decir a menudo que la Argentina es un país en el que existe un gran interés por nuestro arte y que Buenos Aires es, musicalmente, uno de los centros más importantes del mundo. Es verdad. Nuestras salas de conciertos están siempre colmadas por un público entusiasta; los intérpretes extranjeros realizan extensas jiras y cobran honorarios mucho más elevados que los que reciben en Europa; en la temporada invernal se ofrecen a diario tres o cuatro conciertos en nuestra capital; el Colón es uno de los más hermosos e importantes teatros de ópera del mundo; hay más orquestas estables en Buenos Aires que en Roma, Londres o París, como lo afirmó hace poco el maestro Klecki: pese a que los discos y las ediciones musicales son, en virtud de las leyes que protegen la industria nacional, más caros que en cualquier otro lugar de la tierra, hay muchos aficionados que los compran con regularidad; y por fin, creo que Buenos Aires tiene más sociedades musicales que Nueva York.

Sí; realmente estamos en un verdadero paraíso de la música. Pero ¿cómo vive el compositor en este paraíso terrenal? En primer lugar, insisto en que es el único de los artistas que no puede subsistir con el producto de su arte. Como dijo Honegger, 'el oficio de compositor ofrece la particularidad de ser la actividad y la preocupación de un hombre que se dedica a fabricar un producto que nadie quiere consumir. Para el público, el arte musical se resume en la ejecución de obras clásicas o románticas. El compositor contemporáneo es por lo tanto una especie de intruso que quiere imponerse en una mesa a la que no ha sido invitado' . . .

Muchos se preguntarán sin duda si el compositor no

percibe derechos de autor por la ejecución o la venta de su música. Sí, los percibe; pero estas entradas son por demás exiguas y no ofrecen una solución económica permanente. Puedo afirmar que la suma que en concepto de derechos de autor recibe el compositor argentino más afortunado, no alcanza al diez por ciento de lo que cobra anualmente cualquiera de los músicos populares de éxito . . .

He insistido en el problema material del compositor porque lo estimo vital para la supervivencia y porque pienso, además, que el artista debe ser un artesano, como lo era en el medioevo, que mantiene a su familia con el producto de su labor diaria. Algunas personas, bajo la influencia del cinematógrafo sensacionalista o de la literatura barata, creen que el artista debe sufrir y padecer necesidades, porque la miseria y la enfermedad favorecen la inspiración. Ningún ser medianamente culto ignora sin embargo, que si algunos genios como Mozart, Beethoven o Wagner tuvieron dificultades económicas, no crearon en virtud de las mismas, sino a su pesar. Por otra parte, desconocemos cuántas obras habrán dejado de escribirse a causa de los inconvenientes materiales de la vida.

Alberto Ginastera (Argentina), en *La música latinoamericana hoy* (Ediciones del Festival de Setiembre, San Miguel de Tucumán, 1961)

El autor es uno de los compositores argentinos de mayor renombre. 13 pese a: a pesar de. 50 a su pesar: a pesar de ellas.

[20]

Se recuerda a todos en general y a los conductores de vehículos en particular, las ineludibles obligaciones que tienen de:

– Circular siempre por la derecha, acercándose lo más posible al borde de la calzada en cuanto se observe que otro vehículo más rápido se acerca.

– Respetar: la velocidad máxima establecida, la preferencia de los vehículos que se aproximen por la derecha y los pasos de cebra, manteniendo la debida precaución en cruces y pasos de peatones, aunque se tenga derecho de preferencia.

– Abstenerse de efectuar adelantamientos sin suficiente visibilidad, ni sin cerciorarse antes de que el vehículo al que se pretende adelantar no trata a su vez de hacer lo propio.

– Retornar inmediatamente a circular por la derecha, en la vía de dos carriles, una vez rebasado el vehículo adelantado.

– Guardar la distancia de seguridad cuando se circule en caravana, sin rebasar tampoco a los vehículos, introduciéndose a saltos entre ellos y disminuyendo, en consecuencia, aquélla, y

– Cumplir con la prohibición absoluta que tienen los motoristas de circular entre los vehículos que marchan en caravana, haciendo zig-zag para adelantarlos.

Sur (España), 17 – VIII – 69

7 la preferencia: es decir, ceder el paso en los cruces a los vehículos que lleguen por la carretera que está a mano derecha. 11 adelantamientos: *overtaking*. 14 lo propio: lo mismo. 16 carril: *lane*. 19 en caravana: en fila.

[21]

Eugeni Evtuchenko, poeta ruso, autor de doce libros traducidos a cincuenta y dos lenguas, de los que conocemos dos, en prosa, traducidos al castellano, *No ha nacido tarde* y *Autobiografía precoz*, este último va a ser vertido al catalán, es un hombre joven, confiesa 33 años, y, según él, simpático. Está acostumbrado a estos encuentros periodísticos, y por ello se muestra un poco receloso.

– Amigo, amigo – pide en tono urgente –, la vida es corta; pregunta.

– Me tuteas – digo –, ¿es mejor así?

– Depende de con quién hablo.

– Ahora, conmigo, que soy un hombre muy claro.

– Es autopropaganda; el vino que está en una bota no puede gritar: 'Soy bueno'; hay que probarlo.

– No he dicho que sea bueno, sino claro.

– Es casi la misma cosa; pero casi es un matiz muy importante.

– Me gustan los matices. Vienes de muy lejos, ¿crees que hay algo que nos separe?

– Primero es necesario aclarar qué es distancia; las estrellas y la Luna están muy lejos y con todas las victorias de la ciencia están muy cerca y estarán aun más con el tiempo. Pero puedes tener a una mujer muy cerca y haber una distancia psicológica enorme entre los dos. Yo creo que nuestros Estados están muy lejos, en sentido político, y social, pero nuestros pueblos no tienen distancias largas entre sus caracteres y entre sus deseos.

– ¿Eres tú distinto a los demás por ser poeta?

– La poesía es un trabajo como el de zapatero, o minero, si ellos aman su trabajo. Si se trabaja con inspiración, ser poeta no es profesión, es talento.

– Te devuelvo la pelota, ¿autopropaganda?

– Pero se puede ser un poeta y hacer poesía como un zapatero frío.

– ¿Por qué has querido vernos de cerca?

– Porque existe una conexión espiritual misteriosa entre Rusia y España y estoy seguro de que si cien rusos tuvieran para escoger un país que visitar, no menos de noventa de ellos irían a España. En primer lugar creo que es la influencia del arte español y en segundo que nuestros dos pueblos sufrieron mucho en toda su historia y los sufrimientos y las lágrimas son los mejores intérpretes para conocerse uno a otro.

La vanguardia española, 9 – V – 67

16 casi es un matiz: la palabra 'casi' indica que sí hay una diferencia.

[22]

¡Pobrecito del Diablo, qué lástima le tengo, porque no ha oído jamás una palabra de compasión o de cariño! ¡Los hombres son realmente aburridos, insoportables! Cuando se dirigen a Dios, lo hacen con fórmulas escritas para cada caso: Ayúdanos, Señor, danos el pan de cada día; ¡ten misericordia de nosotros!... Para librarse del dolor ocurren a Dios, como al dentista; pero para la disipación, buscan vergonzosamente al Diablo y se anegan en todas las delicias del pecado, sin que Satanás oiga alguna vez un ¡gracias, Diablo mío! Por el contrario, aun tiene que escuchar cómo los hombres, después del goce prohibido, dan gracias a Dios por el placer que obtuvieron.

Yo no sé que Fausto agradeciera al Diablo la juventud, cl amor y el dinero que recibió de sus manos.

El Diablo habita en círculos de sombras, luchando contra el odio y la envidia, ajeno a toda caricia, a todo sentimiento de ternura.

El Diablo no conoció calor de madre; Jesús nació de una virgen toda pureza, toda amor

El Diablo pudiera odiar el mal y amar el bien, pero no es dueño de su albedrío; él fue condenado a amar el odio y a odiar el amor, y jamás romperá su destino.

Jesucristo murió una sola vez, con todos los dolores humanos; El Diablo padecerá, por los siglos de los siglos, sus suplicios y los que Dante le inventó. ¡Pobrecito del Diablo, qué lástima le tengo! . . .

José Rubén Romero (México): *La vida inútil de Pito Pérez* (Editorial Porrúa, 1964)

6 ocurren: acuden. 8 se anegan: se hunden. 16 ajeno a toda caricia: sin conocer ninguna caricia. 20 no es dueño de su albedrío: *he cannot exercise free will.* 24 por los siglos de los siglos: para siempre.

[23]

Nos cuenta la Historia que los primeros invasores árabes fueron los menos instruidos. En verdad, el primer siglo de la conquista musulmana no se distingue por su gran saber. Mas al mantener los árabes españoles una constante comunicación con los grandes centros culturales del momento: El Cairo, Bagdad y Damasco, pronto llegaron a ser los exponentes de un alto grado de civilización sin paralelo en aquella época. El notable arabista Bertram Thomas sostiene que 'el mundo entonces fue sacudido por inquietudes intelectuales; las filosofías y las ciencias de los antiguos fueron desempolvadas y rejuvenecidas; y de todo ello surgió la civilización que la Edad Media conoció y bautizó como civilización árabe. Europa, muy atrasada aún, recibió grandes beneficios en el intercambio con esta civilización, especialmente a través de la España musulmana.'

Al-Andalus, como llamaron a España los árabes, alcanzó su más grande esplendor bajo el califato de Córdoba, y la ciudad, reemplazando a Bagdad, llegó a ser uno de los principales centros de cultura del mundo. Los califas a menudo asumieron el papel de protectores de la enseñanza y el arte y fundaron muchas escuelas y universidades. Entre los siglos VIII y XII la fama del saber musulmán era tal que Rogerio Bacon, monje franciscano y sabio inglés, admitió en el siglo XIII que el estudio del árabe era superior al del latín en lo que se refería a las ciencias y la cultura. Bertram Thomas añade que 'durante la Edad Media fue el mundo bajo el dominio árabe el que redescubrió la filosofía griega; se dedicó a una interpretación racional de Dios, el Hombre y el Universo; y llegó a conceptos intelectuales que influyeron poderosamente sobre las enseñanzas no sólo del Islam, sino también del Cristianismo medieval.'

Se tradujeron al árabe las grandes obras de Platón, Aristóteles, Hipócrates y Arquímedes y luego se vertieron a la mayoría de las lenguas indoeuropeas, ya que las ciudades de Toledo y Córdoba, convertidas paulatinamente en centros de una brillante civilización islámica, se hallaban colmadas de eruditos provenientes de todas partes de Europa.

La mayor parte de esta labor se llevó a cabo cuando Toledo fue reconquistada por los cristianos en 1085 y la famosa Escuela de Traductores fue fundada más tarde por el arzobispo de Toledo, don Raimundo. En esta Escuela se tradujeron al latín, para ser distribuidos a todas las universidades europeas, textos que contenían una gran parte de la cultura antigua y aportes científicos de musulmanes y judíos. El mundo jamás habría conocido la geometría de Euclides, la astronomía de Tolomeo, la medicina de Galeno y la filosofía de Aristóteles si no hubiese sido por esta Escuela de Traductores de Toledo.

Carlos M. Graupera (España): *La influencia árabe en la cultura española* (Publicaciones Españolas)

2 el primer siglo: el siglo VIII. 6 Damasco: *Damascus*. 46 Tolomeo: astrónomo egipcio del siglo II (*Ptolemy*). 46 Galeno: Médico y filósofo griego del siglo II (*Galen*).

[24]

NENA [*sentándose fastidiada*]: ¿Qué deseas decirme?

RIGOBERTO: Aunque no me lo pidas y mi papel de padre haya sido siempre muy relativo, creo que debo hablarte de tu matrimonio.

NENA: Sé lo que vas a decir como si te lo hubiera oído ya. Que el matrimonio es una cosa muy seria, que debo pensar mucho, convencerme de que estoy enamorada de Juanito antes de dar el paso definitivo . . .

RIGOBERTO: Eso y mucho más quisiera decirte.

NENA: Pues te voy a anticipar mi pensamiento para que te evites el trabajo mental de hacer un discurso paternal, lleno de moralejas y experiencia. El matrimonio me parece una tontería; por lo menos yo no le doy ninguna importancia. Me caso con Juan porque es un hombre perfectamente inútil, y para nosotras las mujeres, los hombres inútiles son los únicos tolerables. La tontería es el pan de la vida y la tranquilidad de nosotras.

RIGOBERTO: Has tenido una magnífica escuela.

NENA [*de pie*]: ¿Qué quieres decir? ¿Acaso que mamá y la abuela . . .? Si quieres hacer ironías a costa suya, aprovecha la oportunidad cuando estén presentes.

RIGOBERTO: Agradezco el cariño con que me tratas.

NENA: Te trato tal cual tú te has puesto frente a mí. De pequeña era cuando debiste tenerme a tu lado para inculcarme tu modo de pensar; hoy ya es demasiado tarde y . . . lamento que esto te disguste . . . [*Hojea una revista mientras habla.*]

RIGOBERTO: Aunque crudamente, dices la verdad.

NENA: ¿Qué quieres? Me he acostumbrado a verte reducido a una *figura decorativa* a quien se le aplica el título de papá.

RIGOBERTO [*dolorido. Reacciona*]: Ese mozo no sólo me parece un inútil, como tú dices, sino que no tiene ningún sentido moral ni ninguna aptitud para el trabajo, y me temo mucho que haga tu desgracia, y por más figura de-co-ra-ti-va que tú me creas te quiero, hija.

NENA: ¡Pobre papá! [*Yendo a él y acariciándolo.*] Gracias por tus palabras. Es la primera vez que me hablas así.

RIGOBERTO: Pero dime, hija: ¿tú puedes querer a un hombre así?

NENA: ¿Querer? Se halla esa idea solamente en los libros románticos del siglo pasado. No, papá. Querer, ¡no! Él me conviene dentro de la idea que yo me he formado de un marido. Si no me resulta, si no responde a mi conveniencia, cada uno por su lado y santas Pascuas.

Armando Moock (Chile): *Rigoberto*
(D. C. Heath & Co., 1954)

---

1 Nena: diminutivo de Elena. 10 anticipar: decir primero. 20 a costa suya: *at their expense.* 23 tal cual: tal como. 23 tú te has puesto: te has comportado. 24 De pequeña: cuando yo era pequeña. 34 por más figura decorativa que tú me creas: aunque me creas simplemente una figura decorativa. 43 Si no me resulta: si no me resulta bien. 43 si no responde a mi conveniencia: si resulta que no me conviene. 44 cada uno por su lado: nos separaremos. 44 santas Pascuas: *that's that.*

[25]

En esa zona de los Pirineos, donde habita la vieja raza vasca, hay todos los paisajes, hay todos los aspectos de la Naturaleza.

Hay montes altos poblados de robles y de encinas, hay valles estrechos con pueblecillos en el fondo rodeados de campos de maíz, hay peñas ceñudas que levantan su frente al cielo, hay prados risueños y verdes, hay caseríos blancos, muy blancos, ocultos entre follaje, y ríos claros y tumultuosos que saltan ahora entre piedras formando encajes de espuma y se remansan luego en un cauce donde el agua clara duerme quieta sobre los limpios guijarros . . .

Y hay, además, junto a la costa las perspectivas del Cantábrico, que suele divisarse entre dos montes, allí lejos, siempre hosco, siempre acre, siempre cambiante de color. El que ha vivido en el país vasco no lo olvida jamás.

La tierra vasca es una tierra fértil, es una tierra amable; los valles son templados, los montes frondosos, el clima húmedo.

Pío Baroja (España): *Fantasías vascas*
(Espasa-Calpe Argentina, 1945)

7 caserío: en el País Vasco, significa granja. 10 se remansan: se vuelven mansos. 12 perspectivas: panoramas. 13 Cantábrico: mar de este nombre, al norte de España.

[26]

'SI VD. SE LEVANTA'

Si Vd. se levanta
un día por la mañana
y escucha en la radio la noticia de los niños muertos en
Viet-Nam
o en Venezuela
o en donde sea
y escucha también
la noticia de los aviadores muertos
por error
por un desperfecto del aparato
– digamos, un tornillo –
y la noticia de los muertos durante un bombardeo
– por error, no era ésa la zona –

y la noticia del barco que se hundió con sus quinientos
pasajeros
porque se rompió el radar y chocó contra un iceberg
y escucha también
¿por qué no?
la noticia de los niños deformes por tal o cual droga
y escucha
y comprende
y ve
quc en treinta países hay guerra
que en treinta países se matan unos a otros
que en treinta países las gentes tienen miedo de salir a la
calle
miedo de quedarse en casa
miedo del hijo y de la madre
Si Vd. sintoniza la radio una mañana
y comprende que de un momento a otro le puede caer una
bomba
en la cabeza
no
se
asuste
vaya
y
desayune
como siempre
como cinco años atrás
como diez años atrás
no es otra cosa que el fin del mundo
un fin patético y grotesco
un fin
con el cual Vd. mismo ha cooperado.

Eduardo Lolo (Cuba), en *Con Cuba*
(Cape Goliard Press, 1969)

[27]

Reg Spiers, ex campeón de lanzamiento de jabalina, se fue a Inglaterra en abril último, desde Adelaida (Australia), donde habitualmente reside, con la esperanza de reivindicar su título, y ser seleccionado para la Olimpíada de Tokio. No lo consiguió. Como se había gastado todos sus ahorros, se colocó en una compañía aérea, en Londres, para ganar con qué vivir. A mediados de Octubre quiso volver a Australia, y como no tenía dinero para el billete se le ocurrió enviarse a sí mismo como mercancía a portes debidos. Se hizo una jaula de plástico y acudió a las oficinas de la BOAC a consignar el envío a Perth. Una vez formalizadas las diligencias necesarias, en la fecha indicada unos amigos le metieron en la jaula y entregaron ésta en el aeropuerto de Londres. Así llegó a su destino, haciendo transbordo en Bombay. Naturalmente, la jaula llevaba indicaciones para que al cargarla y descargarla fuese manejada con cuidado, sin golpearla ni volcarla. Una vez en Perth, Spiers salió de la juala y abriéndose paso entre mil bultos en el almacén de la Terminal se fue a su casa.

Semana (España), 10 – XI – 68

3 reivindicar: ganar de nuevo. 9 a portes debidos: *carriage forward.* 10 jaula: *crate.*

[28]

En los últimos meses un viento revolucionario ha azotado a no pocas universidades de todo el mundo. Un viento joven, en ocasiones violento y subversivo que ha trastrocado muchas cosas. ¿Cómo ha surgido el tormentoso vendaval? ¿De modo súbito, o estaba por el contrario previsto y anunciado?

Chesterton inventó una bella e ingeniosa parábola acerca del viento y de los árboles, en la que éstos representaban todas las cosas visibles, y aquél las invisibles. El viento es el espíritu que sopla donde le place, en filosofía, religión, revolución; los árboles son las cosas materiales del mundo, son ciudades, civilizaciones.

Nunca en la historia del mundo ha habido una verdadera revolución, brutalmente activa y decisiva, que no haya sido precedida de inquietud y de nuevos dogmas en la región de las cosas invisibles . . .

El viento se cierne sobre el mundo antes de que en el árbol se mueva la menor ramita. Muchos años antes de que los árboles juveniles y universitarios comenzasen a agitarse, el profesor y filósofo Herbert Marcuse dictaba lecciones, escribía ensayos y libros que contribuían a desencadenar en las universidades vientos de inquietud y de nuevos dogmas.

Marcuse, a diferencia de Marx, forma sus ejércitos con los estudiantes y no con el proletariado. Es la revolución adecuada dentro del marco de la sociedad opulenta, ya que el proletariado, unido sin perspectiva al proceso de producción, ha perdido conciencia, ganado por el confort, la nevera y el automóvil.

La gaceta ilustrada (España), 30 – VI – 68

[29]

Un porcentaje de gitanos hace todavía que la fama – difundida en historietas, chistes – no acompañe demasiado a los calés, en general. Gitanas lacrimógenas pidiendo limosna con una patulea de niños, gitanos que ofrecen miles de cosas por los pisos, con la sorpresa de objetos desaparecidos del vestíbulo en cualquier descuido, noticias de robos y riñas, perjudican la atención social hacia un grupo numeroso y prolífico que vive, en su mayor parte, en condiciones incompatibles con el siglo XX. Es un hecho que al gitano le gusta su propia ley y que, si se quisiera hablar de racismo, sería un racismo al revés: es el gitano quien no quiere mezclarse con los 'payos', como llaman a los demás.

Sin embargo, no se acaba de encontrar la solución, aunque ha corrido mucha agua, desde 1907, cuando en una interpelación en la Cámara francesa se interrumpió al orador para preguntarle qué era un gitano: 'Un hombre moreno, sin profesión, sin nacionalidad y sin domicilio, que llega de no se sabe dónde'.

SP (España), 1 – II – 64

1 fama: la buena fama. 2 historietas: *jokes, cartoons, comic strips.* 3 calés: gitanos, o más propiamente personas de ascendencia mezclada, gitana y española. 4 patulea: *horde.* 6 en cualquier descuido: es decir, por parte del inquilino. 10 si se quisiera hablar de racismo: *if the problem is to be regarded as one of racialism.* 13 no se acaba de encontrar: no se puede encontrar. 14 ha corrido mucha agua: ha pasado mucho tiempo. 14 interpelación: intervención de un diputado para pedir explicaciones a un ministro.

[30]

'La infidelidad de los hombres es como un bumerang', reflexionó con humor una joven escritora: 'cuanto más culpables son nuestros maridos, más cargos se nos formulan a nosotras. Se nos reprocha que le hemos hecho inhabitable el hogar, que no hemos sabido retenerlos, que prácticamente los hemos empujado al lecho de otra. En cambio, si la infidelidad es femenina no cabe la menor duda al respecto: la única responsable es, desde luego, ¡la mujer! . . .'

Nuestra sociedad conserva (¡todavía!) una doble perspectiva para juzgar el adulterio. Implacable con la mujer, despliega una sonriente indulgencia hacia las 'escapadas', los 'caprichos' y 'aventuras' del hombre. Pero de aquí a la aceptación lisa y llana hay un gran trecho. Y ninguna mujer puede dejarse envolver por esta defensa tan interesada como parcial.

Muchas son las razones que pueden impulsar a un hombre a estas 'rabonas', a estas furtivas violaciones de la fidelidad matrimonial: el afán de regresar a una juventud que se escapa inexorablemente, el deseo de poner a prueba su poder de seducción, la tentación de una 'oportunidad', la necesidad de compensar con una conquista amorosa alguna frustración en el terreno personal. . . . Los psicoanalistas tienen un rótulo común para todas estas motivaciones: inmadurez.

Pero una mujer no es – y menos en este terreno – la psicoanalista de su marido. Puede tolerar y hasta perdonar una aislada debilidad de su pareja. Pero nunca justificarla.

Karina (Argentina), mayo de 1969

4 inhabitable: *uninhabitable.* 13 trecho: distancia. 14 interesada: *self-interested.* 27 pareja: marido.

[31]

Los espanoles de la época presente pueden, a nuestro juicio, dividirse en varias categorías.

Algunos pertenecen a la raza antigua, hombres exasperados por los infortunios generales, y que, impregnados de la quisquillosa delicadeza que los reveses comunican a las almas altivas, no pueden soportar que se ataque ni censure nada de lo que es nacional, excepto en el orden político. Éstos están siempre alerta, desconfían hasta de los elogios, y detestan y se irritan contra cuanto tiene el menor viso de extranjero.

Hay otros, por el contrario, a quienes disgusta todo lo español, y que aplauden todo lo que no lo es. Por fortuna no abundan mucho estos esclavos de la moda. El centro en que generalmente residen es en Madrid; más contados en las provincias, suelen ser objeto de la común rechifla.

Otra tercera clase, la más absurda de todas en nuestra opinión, desdeñando todo lo que es antiguo y castizo, desdeña igualmente cuanto viene de afuera, fundándose, a lo que parece, en que los españoles estamos a la misma altura que las naciones extranjeras, en civilización y en progresos materiales. Más bien que indignación, causarán lástima los que así piensan, si consideramos que todo lo moderno que nos circunda es una imitación servil de modelos extranjeros, y que la mayor parte de lo bueno que aún conservamos es lo antiguo.

La cuarta clase, a la cual pertenecemos, y que creemos la más numerosa, comprende a los que, haciendo justicia a los adelantos positivos de otras naciones, no quieren dejar remolcar, de grado o por fuerza, y precisamente por el mismo idéntico carril de aquella civilización, a nuestro hermoso país; porque no es ése su camino natural y conveniente: que no somos nosotros un pueblo inquieto, ávido de novedades, ni aficionado a mudanzas. Quisiéramos que nuestra patria, abatida por tantas desgracias, se alzase independiente y por sí sola, contando con sus propias fuerzas y sus propias luces, adelantando y mejorando, sí, pero graduando prudentemente sus mejoras morales y materiales y adaptándolas a su carácter, necesidades y propensiones. Quisiéramos que renaciese el espiritu nacional tan exento de las baladronadas que algunos usan, como de las mezquinas preocupaciones que otros abrigan . . .

Doloroso es que nuestro retrato sea casi siempre pintado por extranjeros, entre los cuales a veces sobra el talento, pero falta la condición esencial para sacar la semejanza, conocer el original. Quisiéramos que el público europeo tuviese una idea correcta de lo que es España, y de lo que somos los españoles; que se disipasen esas preocupaciones monstruosas, conservadas y transmitidas de generación en generación en el vulgo, como las momias de Egipto. Y para ello es indispensable que, en lugar de juzgar a los españoles pintados por manos extrañas, nos vean los demás pueblos pintados por nosotros mismos . . .

Fernán Caballero (España): *La gaviota*
(D. C. Heath & Co., 1930)

1 la época presente: téngase en cuenta que se trata del siglo pasado. 17 castizo: perteneciente a la auténtica tradición española. 19 a lo que parece: según parece. 29 de grado o por fuerza: *willy-nilly.* 32 inquieto: *restless.* 47 preocupaciones: prejuicios.

[32]

Era por el mediodía y el sol golpeaba los hombros. Emiliano Zapata, a pie firme – *parado*, que se dice en México –, miraba a sus gentes y a los oficiales de Guajardo. A uno de ellos le preguntó:

– ¿Dónde está el coronel Palacios?

– Está – contestó el capitán Castillo – dentro de la hacienda. Pase usted también . . .

Emiliano Zapata dudó. Los pies, clavados en la tierra. Después, como empujado por el destino, montó el bello alazán. El capitán le decía que debería de comer algo:

– Estoy satisfecho con unos *tacos* que he comido.

Pero, en el entretanto, ya estaban, frente por frente, de la gran portada de la hacienda. Delante de ella aparecía formada, 'impecable, la guardia que iba a rendirle honores'. Emiliano Zapata, con su parda mirada de los grandes momentos, se volvió a sus hombres – justamente diez – como diciéndoles: '¿Qué les parece?' Nadie sospechaba nada.

Al llegar al zaguán, el clarín comenzó su sonora llamada por tres veces con el toque de honor. Al menos, dos veces los oyó, vibrantes, sobre el rumor de los caballos avanzando por entre las filas de los soldados que presentaban armas. Pero con el tercero de los toques una descarga cerrada y sostenida brotó de los fusiles de la guardia de honor. Además, se disparaba contra él desde todos los rincones. Emiliano Zapata quedó acribillado.

Todavía su mano, en el oscuro momento de la muerte, intentó llegar a la pistola mientras, por instinto, las riendas volvían al caballo hacia el zaguán que acababa de cruzar. Pero el tiroteo se prosiguió y, desde la silla de su 'As de Oros', Emiliano Zapata derrumbó el cuerpo hasta el suelo de la hacienda de Chinameca.

Sus hombres, asombrados, se defendían como podían y por la vida. 'Una parte de ellos se salvó por la previsión de Zapata, que los había acantonado en el lomerío de Piedra Encimada.' Y un testigo, con noble sobresalto, añadirá:

– Pero sin que, desgraciadamente, su previsión le sirviera a él mismo.

Era el 10 de abril de 1919.

Enrique Ruiz García (España): *Zapata – tierra y libertad* (Rivadeneyra, 1966)

1 Emiliano Zapata: líder en la revolución mexicana de 1910. 2 a pie firme: *four-square*. 2 que se dice: como se dice. 3 gentes: hombres.

3 Guajardo: Jesús María Guajardo, coronel del ejército mexicano, quien fingió traicionar al gobierno para poder asesinar a Zapata. 11 taco: tortilla mexicana de maíz en la que se pone algún alimento tal como la carne picada y que luego se dobla. 22 cerrada: disparando todos al mismo tiempo. 34 lomerío: las lomas.

[33]

BRINDIS

A mis amigos de Santander que festejaron
mi nombramiento profesional.

Debiera ahora deciros: 'amigos,
muchas gracias'; y sentarme pero sin ripios.
Permitidme que os lo diga en tono lírico,
en verso, sí, pero libre y de capricho.

Amigos:
dentro de unos días me veré rodeado de chicos,
de chicos torpes y listos,
y dóciles y ariscos
a muchas leguas de este Santander mío,
en un pueblo antiguo,
tranquilo
y frío.

Y les hablaré de versos y de hemistiquios,
y del Dante, y de Shakespeare, y de Moratín (hijo),
y de pluscuamperfectos y de participios.
Y el uno bostezará y el otro me hará un guiño,
y otro, seguramente el más listo,
me pondrá un alias definitivo.
Y así pasarán cursos monótonos y prolijos.

Pero un día tendré un discípulo,
un verdadero discípulo,
y moldearé su alma de niño
y le haré hacerse nuevo y distinto,
distinto de mí y de todos; él mismo.
Y me guardará respeto y cariño.

Y ahora yo os digo:
  amigos,
brindemos por ese niño,
por ese predilecto discípulo,
por que mis dedos rígidos
acierten a modelar su espíritu
y mi llama lírica prenda en su corazón virgíneo,
y por que siga su camino
intacto y limpio,
y por que este mi discípulo –
que inmortalizará mi nombre y mi apellido,
. . . sea el hijo,
el hijo
de uno de vosotros, amigos.

Gerardo Diego (España): *Primera antología* (Espasa-Calpe Argentina, 1947)

Santander: ciudad y provincia del norte de España. 14 Moratín (hijo): Leandro Fernández de Moratín (1760–1828), dramaturgo; hijo de Nicolás, también famoso por sus obras literarias. 15 pluscuamperfectos: *pluperfects*. 30 por que: para que.

[34]

En nuestra región, el 77 por 100 de las familias prefieren el vino tinto, en Andalucía sólo el 2 por 100 muestra preferencias hacia él y se inclinan por el blanco un 53 por 100.

Por zonas, la cosa va así: más de la mitad de los consultados en nuestra región, Madrid, ambas Castillas, prefieren el vino tinto. Andalucía se inclina francamente por el blanco, mientras que la región del Noroeste se inclina más por el clarete que por cualquier otro vino.

La región que menos gusta del clarete es la del noreste.

Pero veamos otro aspecto de la cuestión. Las zonas agrícolas prefieren el vino tinto, mientras que en las urbanas se nota cierta tendencia a favor del blanco.

Realmente, cada uno tiene sus manías en la bebida como en cualquier otro aspecto alimenticio. Parece que nosotros no podemos imaginarnos una comida de diario sólo hecha con vino blanco, de la misma forma que otros no podrán imaginarse un consumo casi exclusivo de vino tinto.

Los que se deciden por los secos, en mayoría son los del Noroeste, mientras que los catalanes, más lamineros, se muestran los más partidarios del vino dulce, juntamente con los levantinos, aunque ciertamente, en esas regiones son mayoría los que gustan de secos, pero en menor número que en otras partes.

Ahora bien, los números cantan que en Andalucía es donde más gustan de vinos dulces.

La graduación del vino se presta también a mucha discusión. Hay quien se sirve para calificar la calidad de un vino por su graduación. Para mí, esto es algo así como calificar la belleza femenina por los kilos que pese la mujer sometida a examen.

Pues bien, el 71 por 100 de las familias se muestra partidario del vino suave y sólo el resto, de los vinos fuertes. La gente de campo se muestra más partidaria de los vinos fuertes que la gente de la ciudad. Los cabezas de familia jóvenes gustan más del vino fuerte que los viejos.

Para terminar, la cifra básica. ¿Cuánto vino se bebe en las casas?

La cifra estadística es que se consumen 57,6 litros de vino

en las casas por habitante y año. De esta cifra está excluido el chiquiteo, el blanqueo y otros 'eos' más, como el copeo, que se hace con vinos, por lo general, caros.

Esta cantidad no supone alcoholismo ni muchísimo menos, puesto que si una familia media está constituida por cuatro miembros, según los números de la publicación comentada, resulta que la familia consume 230 litros al año, o sea, dos tercios de litro al día por mantel. lo que representa un vaso de vino en cada comida. Hay que tener en cuenta que suele haber pequeños que no deben beber vino, pero aun así, no resulta nada peligroso para el padre, a no ser que se sobrecargue fuera de casa.

La tendencia actual, aunque ligera, es aún mayor aumento de consumo de vino en las casas y parece ser que la causa es que muchos jóvenes están pasando de la edad no apta para consumir vino a la edad en que pueden hacerlo sin graves consecuencias.

El correo español, 24 – XI – 68

1 nuestra región: el nordeste de España. 4 consultados: es decir, en una encuesta. 5 ambas Castillas: las regiones de Castilla la Vieja (norte) y Castilla la Nueva (sur). 19 lamineros: golosos. 21 levantinos: el Levante es una región que comprende Valencia, Alicante, Murcia y Castellón. 24 cantan: demuestran claramente. 34 Los cabezas de familia: los padres. 38 57,6 litros: *57·6 litres*. 40 el chiquiteo, el blanqueo . . . el copeo: palabras que se refieren a la costumbre de tomar vasos pequeños ('chiquitos') de vino, a menudo blanco, antes de comer. 46 por mantel: por comida. 49 se sobrecargue: beba demasiado.

[35]

Alberto dio media vuelta y bajó. Cuando llegaba a los primeros peldaños de la escalera cruzó a un hombre, ya de edad. Tenía el rostro demacrado y los ojos llenos de zozobra.

– Señor – dijo Alberto.

El hombre ya había subido algunos escalones; se detuvo y se volvió.

– Perdone – dijo Alberto –. ¿Es usted algo del cadete Ricardo Arana?

El hombre lo observó detenidamente, como intentando reconocerlo.

– Soy su padre – dijo –. ¿Por qué?

Alberto subió dos escalones; sus ojos estaban a la misma altura. El padre de Arana lo miraba fijamente. Unas manchas azules teñían sus párpados; sus pupilas revelaban alarma, desvelo.

– ¿Puede decirme cómo está Arana? – preguntó Alberto.

– Está aislado – repuso el hombre, con voz ronca –. No nos dejan verlo. Ni siquiera a nosotros. No tienen derecho. ¿Usted es amigo de él?

– Somos de la misma sección – dijo Alberto –. A mí tampoco me han dejado entrar.

El hombre asintió. Parecía abrumado. Una barba rala sombreaba sus mejillas y su mentón; el cuello de la camisa aparecía con arrugas y manchas y la corbata, algo caída, mostraba un nudo ridículamente pequeño.

– Sólo he podido verlo un segundo – dijo el hombre –. Desde la puerta. No debían hacer eso.

– ¿Cómo está? – preguntó Alberto –. ¿Qué le ha dicho el médico?

El hombre se llevó las manos a la frente y luego se limpió la boca con los nudillos.

– No sé – dijo –. Lo han operado dos veces. Su madre está medio loca. No me explico cómo ha podido ocurrir una cosa así. Justamente cuando estaba por terminar el año. Es mejor no pensar en eso, son reflexiones tontas. Sólo hay que rezar. Dios tiene que sacarlo sano y salvo de esta prueba. Su madre está en la capilla. El doctor ha dicho que tal vez podamos verlo esta noche.

– Se salvará – dijo Alberto –. Los médicos del colegio son los mejores, señor.

– Sí, sí – dijo el hombre –. El señor capitán nos ha dado muchas esperanzas. Es un hombre muy amable. Capitán Garrido, creo. Nos trajo un saludo del coronel, ¿sabe?

El hombre volvió a pasarse la mano por la cara. Buscó en su bolsillo y extrajo un paquete de cigarrillos. Ofreció uno a Alberto y éste lo rechazó. El hombre volvió a meter la mano en el bolsillo. No encontraba los fósforos.

– Espere un momento – dijo Alberto –. Voy a conseguirle fuego.

– Voy con usted – dijo el hombre –. Es por gusto que siga aquí, sentado en el pasillo, sin tener con quien hablar. He pasado dos días así. Estoy con los nervios destrozados. Quiera Dios que no ocurra nada irremediable.

Mario Vargas Llosa (Perú): *La ciudad y los perros* (Editorial Seix-Barral, 1966)

3 de edad: *getting on in years.* 7 algo: es decir, pariente. 7 cadete: del Colegio Militar Leoncio Prado, de Lima. Ha resultado herido a consecuencia de unos ejercicios militares.

[36]

EL CABALLERO DE LA MANO AL PECHO

La mirada asaz dulce, soñadora,
con crepúsculos dentro y noches brunas;
barba de acantilado, tibias dunas;
la frente amplia de mar, inquisidora.

Con un místico sello, pecadora,
quizá, la boca amarga de aceitunas;
lívida faz, bañada por las lunas
de un silencio de llanto que atesora.

No sabría cuál daga más zahiere,
o cuál más dulce daga si se muere
de franca herida o por amor deshecho.

Si la del cinto, de color anciano,
o la de cinco filos de tu mano
que cuajó ese dolor sobre tu pecho.

Edgar Poe Restrepo (Colombia), en
Antología de la poesía hispanoamericana: Colombia (Biblioteca Nueva, 1957)

Impresiones de un célebre retrato pintado por el Greco (1547–1612). 1 asaz (antiguo): bastante. 2 brunas: oscuras. 4 inquisidora: *inquisitorial*. 11 franca: directa, verdadera. 14 cuajó: formó.

[37]

Si preguntásemos a cada uno de los ciudadanos de un país que se dice vivir en la paz, en qué cosas concretas se manifiesta ésta, la mayoría nos respondería, sin duda, que en el orden, la estabilidad, el desarrollo económico, un cierto bienestar, etc. Pero bajo estas definiciones no quedarían las cosas del todo claras; por ejemplo: el orden y la estabilidad, ¿son siempre expresión del respeto mutuo entre los hombres, o por el contrario, en muchas ocasiones son resultado del conformismo, la sumisión y la represión gubernativa? ¿hasta qué extremo la ausencia de conflictos significa que todos pensamos igual, o quizá la causa es la falta de cauces adecuados donde poder expresar las diferentes formas de pensar? ¿el desarrollo económico beneficia a todos por igual, o más bien enriquece en mayor proporción al capitalista que al trabajador?, ¿dicho desarrollo económico lleva consigo la promoción social del trabajador, permitiéndole ocupar puestos de dirección, o por el contrario frustra este derecho y a cambio le da como estímulo artificial el consumo a gran escala?, ¿el deseo de bienestar y tranquilidad son tan sólo una lícita aspiración humana, o más bien la mayoría de las veces son consecuencia de un egoísmo individualista y de una despreocupación y falta de ideales?, ¿hay violencia solamente cuando existe agresión física, o también el orden es otra forma de violencia disimulada cuando un grupo social o un Estado intenta ordenar y justificar las cosas según sus propios intereses?

Cuadernos para el diálogo (España), marzo de 1968

14 por igual: igualmente. 18 a cambio: por el contrario. 20 tan sólo: solamente. 22 despreocupación: apatía.

[38]

¿Qué puede saberse del español de los soldados y de los que con ellos fueron a vivir a las Indias? Por de pronto, el suponer que su manera de hablar es relativamente uniforme parte de la teoría llamada del 'andalucismo'. Como la emigración hacia América tuvo un arranque andaluz y estaba situado en Sevilla, en la Casa de Contratación, el punto de partida administrativo, y andaluces y extremeños fueron los primeros nombres que sonaron en los hechos de la expansión, fácilmente se vino a suponer que el fundamento del lenguaje hispanoamericano fue andaluz . . .

Hay otra teoría que no cree en el andalucismo o surespañolismo, que defendió, entre otros, Cuervo en *El castellano en América*, y corroboró con interesantes pruebas documentales Henríquez Ureña. Los artículos de este último proceden de un análisis de los datos conservados y del estudio del hispanoamericanismo actual. Las razones fonéticas de que el *seseo* es un rasgo común entre el hispanoamericano y el andaluz no pueden admitirse porque el español de América carece de *ceceo*. Por otra parte, hay *seseo* en otras regiones de España además de Andalucía (Vasconia, Cataluña, Valencia).

El *yeísmo* (pronunciación de *ll* como *y*) no sólo no es andaluz, sino también de partes de Castilla. Y, además, no es general en América, donde hay partes de Colombia, Ecuador, Perú y Chile que conocen el sonido de *ll*. Otras razones de índole fonética son asimismo inseguras y parciales.

Francisco López Estrada (España), en
El legado de España a América
(Ediciones Pegaso, 1954)

2 las Indias: América. 2 Por de pronto: en primer lugar. 5 tuvo un arranque andaluz: partió de Andalucía. 6 la Casa de Contratación:

lugar de reunión de los mercaderes. 8 sonaron: se distinguieron. 11 surespañolismo: que supone un origen en el sur de España. 12 Cuervo: Rufino José Cuervo (1844–1911) filólogo colombiano. 16 razones: *arguments*. 17 seseo: pronunciación de 'z', 'ci-' y 'ce-' con sonido de 's'. 19 ceceo: pronunciación de la 's' como si fuera 'z'; tendencia que coexiste con el *seseo* en Andalucía. 21 Vasconia: es decir, el País Vasco.

[39]

Sonó el teléfono y don Epigmenio dejó sus herramientas sobre la mesa para contestarlo.

– Diga usted . . .

– Soy la señora de Mastuerzo – contestó una voz femenina en tono que no admitía réplica –. Tengo entendido que ustedes hacen cajas de madera para empacar, ¿no es así?

– Pues . . . sí, hasta cierto punto – repuso don Epigmenio sonriendo melancólicamente.

– ¿Cómo que hasta cierto punto? – se escuchó la voz de la dama. La inflexión de su voz casi permitía ver que estaba levantando una ceja.

– Quiero decir, que en un sentido figurativo . . . eufemísticamente hablando . . . pues sí, hacemos cajas de madera para empacar.

– No tengo tiempo para discutir filigranas del lenguaje – resopló la señora de Mastuerzo –. Necesito urgentemente una caja para hacer un envío a un sitio distante. Por lo tanto, requiero que esté sólidamente construida.

– Todas nuestras cajas están hechas para viajes muy largos, señora.

– Bien. Por otra parte, la mercancía que voy a enviar es bastante frágil y delicada.

– Nuestras cajas, señora, van acojinadas por dentro.

– Perfecto. ¿No hay riesgo de que se salga el contenido?

– Ninguno, señora – volvió a sonreír don Epigmenio –. El

contenido sólo sale cuando lo disponga el remitente. . . . O por mandato judicial, en ciertos casos.

– Déjese usted de metáforas, hombre de Dios, y atienda a mis instrucciones. La mercancía que me propongo meter en la caja se descompone fácilmente . . .

– Ahora existen sustancias para preservar cualquier cosa por tiempo indefinido – repuso el artesano. La señora de Mastuerzo ignoró el comentario.

– Por lo tanto, la necesito a más tardar para las cinco de la tarde. Haga favor de tomar las medidas.

– No es necesario, señora. Todas nuestras cajas vienen en tres tamaños: grandes, medianas y pequeñas. En negro, gris o blanco.

La dama guardó un minuto de silencio.

– Oiga usted; para mandar cinco kilos de queso no creo que haga falta pintar la caja . . .

– Otra vez se cruzó la línea – suspiró don Epigmenio –. Me temo que tiene usted el número equivocado.

– ¿No es ésa la carpintería 'La Garlopa'?

– No, señora. Y tampoco es una funeraria, como posiblemente esté usted pensando. Aquí solamente fabricamos estuches para joyas y monedas de oro, de los que usan ciertos políticos para hacer sus envíos a los bancos de Ginebra . . .

Hablemos (México), 27 – VII – 69

21 por otra parte: además. 23 acojinadas: acolchadas. 28 hombre de Dios: *for goodness' sake.*

[40]

JUEGOS DEL ANOCHECER

Cuando, en el crepúsculo del pueblo, Platero y yo entramos, ateridos, por la oscuridad morada de la calleja miserable que da al río seco, los niños pobres juegan a asustarse, fingiéndose mendigos. Uno se echa un saco a la cabeza, otro dice que no ve, otro se hace el cojo . . .

Después, en ese brusco cambiar de la infancia, como llevan unos zapatos y un vestido, y como sus madres, ellas sabrán cómo, les han dado algo de comer, se creen unos príncipes:

– Mi pare tie un reló e plata.

– Y er mío, un cabayo.

– Y er mío, una ejcopeta.

Reloj que levantará a la madrugada, escopeta que no matará el hambre, caballo que llevará a la miseria . . .

El corro, luego. Entre tanta negrura, una niña forastera, que habla de otro modo, la sobrina del Pájaro Verde, con voz débil, hilo de cristal acuoso en la sombra, canta entonadamente, cual una princesa:

Yo soy laaa viudiiitaa
del Condeee de Oréé . . .

. . . ¡Sí, sí! ¡Cantad, soñad, niños pobres! Pronto, al amanecer vuestra adolescencia, la primavera os asustará, como un mendigo, enmascarada de invierno.

– Vamos, Platero . . .

Juan Ramón Jiménez (España): *Platero y yo* (Aguilar, 1955)

1 Platero: nombre del burro que pertenece al autor. 5 se hace el cojo: finge ser cojo. 10 Mi pare tie un reló e plata. Y er mío, un cabayo. Y er mío, una ejcopeta: pronunciación andaluza de 'Mi padre tiene un reloj de plata. Y el mío, un caballo. Y el mío, una escopeta.' 15 El corro, luego: luego se forma un corro. 15 forastera: que no es de aquella región. 16 el Pájaro Verde: apodo de uno de los vecinos. 19 La letra de la canción de este juego es: Yo soy la viudita/del Conde de Oré/que quiero casarme/no encuentro con quién. 23 enmascarada: disfrazada.

[41]

Alineaciones:

Estudiantes de la Plata: Flores; Aguirre Suárez, Madero, Manera; Togneri, Cremasco; Rudki, Bicardo, Conigliaro, Flórez y Verón.

Real Madrid: Betancort; Calpe, De Felipe, Sanchis; Pirri, Zoco; Fleitas, Amancio, Grosso, Velázquez y Gento. A los veinticuatro minutos del segundo tiempo José Luis sustituía a Pirri.

Arbitraje: A cargo del francés Kitabdjian, que juzgó con criterio excesivamente meticuloso y con frecuentes errores en la interpretación de las faltas un partido difícil de juzgar por la peligrosidad de las entradas de los jugadores argentinos. Hubo abundancia de faltas y el árbitro pitó todas y algunas más. En general, un mal arbitraje.

Goles: A los cuatro minutos Sanchis da un pase largo a Fleitas, éste centra, recoge Amancio, que se queda solo ante el portero, y lo desplaza de una carga violenta el defensa Aguirre Suárez dentro del área. La falta es sancionada con penalty, que Gento transforma en el primer gol del Madrid. A los cuatro minutos del segundo tiempo avance de Velázquez, que cede a Amancio, y éste en jugada individual regatea a dos defensas y evade después la salida del guardameta argentino para tirar a puerta libre y marcar el segundo gol del Madrid. A los veintinueve minutos, Aguirre Suárez lanza un golpe franco contra el Madrid, tira raso y el balón cambia de trayectoria al dar en un jugador de la barrera y llega a la red de Betancort. Es el gol del Estudiantes. En el minuto cuarenta contraataca el Madrid a la salida de un córner, escapa Gento, que pasa a Amancio. La defensa argentina se adelanta para intentar dejar a éste en posición de 'offside', pero el árbitro considera que Amancio no queda fuera de juego y deja que continúe la jugada. Amancio, solo, regatea al portero y marca el tercer gol.

Resultado del primer tiempo: Real Madrid, 1; Estudiantes de la Plata, 0.

Resultado final: Real Madrid, 3; Estudiantes de la Plata, 1.

ABC (España), 31 – VIII – 69

1 Alineaciones: equipos. 2 Estudiantes de la Plata: equipo de fútbol argentino. 5 Real Madrid: equipo español. 7 a los veinticuatro minutos: después de veinticuatro minutos. 7 tiempo: *half.* 9 Arbitraje: *refereeing.* 12 entradas: *tackles.* 13 pitó todas y algunas más: *blew his whistle for all of them and a few more besides.* 17 el defensa: *defender.* 19 del Madrid: se sobrentiende, del *equipo* de Madrid. Véase más abajo 'del Estudiantes'. 21 cede: da un pase. 22 regatea: *beats.* 23 a puerta libre: *at the open goal.* 25 golpe franco: *free kick.* 25 tira raso: *makes a low shot.* 26 barrera: la que forman los jugadores para intentar evitar que el golpe franco llegue a la meta.

[42]

El Uruguay, inventado hace tan poco, es ya espantosamente viejo; una comunidad llevada por sus ancianos. Todos pensamos que un hombre de cuarenta años – siendo uruguayo – es un chiquilín irresponsable, incapaz todavía de asumir la inmensa carga de firmar decretos, aunque lo haga en un Consejo, junto a ocho consejeros que todo miran, pesan y discuten. Nos parece en cambio perfectamente aceptable que sean gobernantes los que ya están cansados, sordos, encascarados; nuestro voto consiste en elegir entre aquéllos que pensaron bien y estuvieron en la mejor posición allá por los años veinte y treinta; cuando todavía eran sensibles al mundo circundante y plenamente capaces de engendrar. Para nosotros el prestigio político es cuestión de cantidad. Se es más o menos importante según la cantidad de años que se lleva en eso. La antigüedad en la lucha política es nuestra medida del carácter y del talento. Cada uno pesa lo que pesan sus recortes de diario. Claro, a nadie se le ocurriría elegir para gerente de su fábrica, o para chofer de su auto a un señor de setenta años, pero tratándose de dirigir el país todos pensamos en seguida, que este o aquel venerable nos pueden dar soluciones nuevas. Este anciano – creemos – va a entender en seguida los problemas inéditos que se planteen y va a imaginar salidas sorprendentes; ahora, de pronto, va a ser capaz de ver las injusticias dentro de las cuales vivió toda su larga vida. Hasta hoy no dijo nada, pero seguramente trae una visión nueva. Y sobre todo: llega con ganas de absorber y superar preocupaciones, tiene fondo para resistir incansablemente la tremenda incomodidad de hacer; está en el momento justo de cargar con el fardo más pesado.

Vaz Ferreira destacó una de las desgracias fundamentales de este medio: las condiciones que se necesitan para llegar a los cargos principales, no son las condiciones que se necesitan para desempeñarlos. Para ser candidato al Consejo Nacional de Gobierno – entre otras cosas – hay que ser viejo; pero luego, para gobernar, hay que ser joven.

Carlos Maggi (Uruguay): *El Uruguay y su gente* (Editorial Alfa, 1963)

4 chiquilín: niño. 9 encascarados: metidos dentro de su cáscara; *crabbed.* 11 los años veinte y treinta: *the twenties and thirties.* 24 de pronto: de repente. 29 cargar: llevar. 34 Consejo Nacional de Gobierno: asamblea de nueve dirigentes que constituía antiguamente el gobierno del Uruguay.

[43]

Hoy día, para salir de casa, cerrar la TV y meterse en un cine, la película que se exhiba tiene que tener 'gancho': por el tema, el intérprete, la propaganda vertida sobre la misma o la suma de todas estas cosas.

En este sentido es curioso recordar los resultados de análisis de opiniones de espectadores de cine. Al público le mete en el cine la opinión de los demás. Cerca de un veinte por ciento de espectadores acuden a ver una película porque sus amigos, sus familiares en la casa, en la oficina, en el taller o en las reuniones, le han hablado bien o le han ponderado tal o cual film. Es decir, eso que se llama la propaganda hormiga, la propaganda verdad, la de los propios méritos, ponderados por los espectadores, que salen satisfechos de lo que han visto. De la misma forma, la antipropaganda de una película, según el comentario de los que la han padecido, afecta a un sector análogo de tanto por ciento.

Otro veinte por ciento, aproximado, acude al cine por el tema específico de las películas. Unos por puro 'escapismo'; otros, por novedad o por curiosidad. Los temas de tiros y de horror gustan mucho a la gente preocupada por problemas en su trabajo o en su vida diaria. Los temas de reflejo de la vida misma atraen menos espectadores que lo absurdo, lo anormal o lo extraño.

También influyen en buena parte las llamadas gacetillas, anuncios sensacionalistas y reportajes de revistas, diarios, radio y TV. Según una encuesta, es un seis por ciento.

La mayor fuerza para llevar gente al cine, según hablan los exhibidores, es el nombre de las 'estrellas'. Más de un cuarenta por ciento de los que cotizan en las taquillas lo hacen por móviles de simpatía o atracción de una 'estrella' o de un galán. Es el nivel cultural cinematográfico más bajo el que se deja influir por los nombres de 'estrellas', muchas veces fabricados por los laboratorios de propaganda de los estudios o las productoras. Contribuyen a la fama y a la popularidad de los 'astros' del cine los detalles de su vida privada, de sus andanzas, de sus aventuras, divorcios, amoríos, etc. Una cultura cinematográfica superior atendería al nombre del director. En este sentido, en España, salvo algunos apellidos, poco se preocupa el espectador de fijarse en quién ha dirigido. Los cine-clubs, las revistas especializadas y las campañas de los entendidos de cine están divulgando estos apellidos ilustres, que elevan el nivel cultural del público medio.

Semana (España), 22 – VIII – 64

2 tener gancho: ser interesante, atrayente. 3 el intérprete: el actor principal. 3 la propaganda vertida sobre la misma: la publicidad hecha en pro de la película. 19 de tiros: policíacos. 24 en buena parte: mucho. 34 las productoras: es decir, las compañías productoras.

[44]

Karajan ejerce sobre el público de Lucerna una fascinación indecible. Probablemente la misma que el famoso director ha logrado despertar al público de Viena o de Berlín, pero aquí el carácter fuera de serie de su actuación parece exteriorizarse más abiertamente y, al menos a mí me lo ha parecido, más ingenuamente.

Razones hay para esta reacción de un público verdaderamente melómano. El prestigio de Karajan está sólidamente cimentado, aunque a veces se apoye también en recursos marginales como son los he hacer resaltar su presencia física en el podio de los conciertos, incluso peinándose de cierta manera para parecer más alto o prodigando las fotos más efectistas tomadas durante su actuación. Pero todo esto son fruslerías al lado de la realidad de su potente personalidad de director y de la vitalidad e integridad de su arte. Es admisible que Karajan no sea el primerísimo en el dominio de tal o cual repertorio específico, pero en todas excede como un conductor exceptional por su oficio, por su aplomo y por la fuerza persuasiva que emana de su gesto. Es el más noblemente ambicioso de todos los directores de orquesta actuales, lo que es fácil deducirlo de su constante actividad. No le ha bastado la fama que siempre ha tenido de traducir a Beethoven o Brahms con una fuerza romántica absoluta: las sinfonías de Bruckner o Mahler adquieren bajo su mando una tensión incomparable y últimamente el artista ha querido imponerse como intérprete total de la estética wagneriana. No bastándole esta especialización en cierto modo limitada, ha querido ampliarla constantemente hasta llegar a polos opuestos de la misma. Hace años escuché, dirigida por él, en la Opera de Berlín, una 'Lucia', de Donizetti fabulosa (por otra parte, con la Callas y Di Stéfano en escena) y también admiré en Lucerna, hace dos años, cómo antes de dirigir Beethoven y Schumann, se sentaba al clave para concertar y participar como instrumentista en una ejecución inolvidable del tercer Concierto Brandemburgués de Bach.

Indudablemente, Karajan, aunque externamente pueda parecer un director excesivamente cuidadoso del aspecto visual de su labor de director, ésta queda sólidamente afirmada en unos principios, en un oficio y en un sentido intuitivo de la perfección que a juzgar por los resultados obtenidos, muy pocos colegas suyos pueden aventajarla. Karajan posee la facultad mágica de transfigurar una obra sinfónica. La quinta Sinfonía de Prokofiev, guiada por la batuta del famoso director de Salzburgo, alcanzó un relieve, una riqueza de matices y sobre todo un impulso y un esplendor inauditos. Su triunfo era de esperar y se produjo.

En el fragor de los aplausos no se adivinó que la mayor parte del público hubiese preferido admirarle como traductor de Beethoven, Brahms o Strauss. La unanimidad en considerar esta nueva aparición de Karajan en Lucerna, como un nuevo acontecimiento memorable, fue absoluta.

La vanguardia española, 8 – IX – 67

2 indecible: indescriptible. 8 melómano: *music-loving*. 11 podio: *rostrum*. 16 admisible: posible. 27 wagneriana: del compositor Wagner. 30 'Lucia': la ópera 'Lucia di Lammermoor'. 34 concertar: dirigir. 35 Concierto Brandemburgués: *Brandenburg concerto*. 47 era de esperar: *was to be expected*.

[45]

Nuestra pobreza puede medirse por el número y suntuosidad de las fiestas populares. Los países ricos tienen pocas: no hay tiempo, ni humor. Y no son necesarias; las gentes tienen otras cosas que hacer y cuando se divierten lo hacen en grupos pequeños. Las masas modernas son aglomeraciones de solitarios. En las grandes ocasiones, en París o en Nueva York, cuando el público se congrega en plazas o estadios, es notable la ausencia de pueblo: se ven parejas y grupos, nunca una comunidad viva en donde la persona humana se disuelve y rescata simultáneamente. Pero un pobre mexicano ¿cómo podría vivir sin esas dos o tres fiestas anuales que lo compensan de su estrechez y de su miseria? Las fiestas son nuestro único lujo; ellas sustituyen, acaso con ventaja, al teatro y a las vacaciones, al 'week end' y al 'cocktail party' de los sajones a las recepciones de la burguesía y al café de los mediterráneos.

En esas ceremonias – nacionales, locales, gremiales o familiares – el mexicano se abre al exterior. Todas ellas le dan ocasión de revelarse y dialogar con la divinidad, la patria, los amigos o los parientes. Durante esos días el silencioso mexicano silba, grita, canta, arroja petardos, descarga su pistola en el aire. Descarga su alma. Y su grito, como los cohetes que tanto nos gustan, sube hasta el cielo, estalla en una explosión verde, roja, azul y blanca y cae vertiginoso dejando una cauda de chispas doradas. Esa noche los amigos, que durante meses no pronunciaron más palabras que las prescritas por la indispensable cortesía, se emborrachan juntos, se hacen confidencias, lloran las mismas penas, se descubren hermanos y a veces, para probarse, se matan entre sí. La noche se puebla de canciones y aullidos. Los enamorados despiertan con orquestas a las muchachas. Hay diálogos y burlas de balcón a balcón, de acera a acera. Nadie habla en voz baja. Se arrojan los sombreros al aire. Las malas palabras y los chistes caen como cascadas de pesos fuertes. Brotan las guitarras. En ocasiones, es cierto, la alegría acaba mal: hay riñas, injurias, balazos, cuchilladas. También eso forma parte de la fiesta. Porque el mexicano no se divierte: quiere sobrepasarse, saltar el muro de soledad que el resto del año lo incomunica. Todos están poseídos por la violencia y el frenesí. Las almas estallan como los colores, las voces, los sentimientos. ¿Se olvidan de sí mismos, muestran su verdadero rostro? Nadie lo sabe. Lo importante es salir, abrirse paso, embriagarse de ruido, de gente, de color. México está de fiesta. Y esa fiesta, cruzada por relámpagos y delirios, es como el revés brillante de nuestro silencio y apatía, de nuestra reserva y hosquedad.

Octavio Paz (México): *El laberinto de la soledad*
(Fondo de Cultura Económica, 1963)

21 petardos: *fireworks*. 25 cauda: estela. 39 lo incomunica: lo mantiene aislado.

[46]

Pero por mucha que sea la abundancia y dignidad de su habla, no es la boca del castellano rústico la fuente de donde el idioma brota, fluye y se renueva, sino, acaso, el meandro en que se remansa. En cuanto instrumento de expresión técnica, sus innovaciones verbales y estructurales se producen en las zonas dinámicas de la sociedad: en las ciudades; en cuanto instrumento de expresión artística, en el grupo social formado por las minorías intelectuales. Y así resulta que el hombre de Castilla, exceptuados aquellos rincones agrícolas cuya ponderada pureza de dicción está corrompiendo ya la radio y la mala prensa, habla un castellano tan bueno o tan malo como el que habla el hombre de Andalucía, o de México, o del Río de la Plata, o aun el de Cataluña; un castellano a cuyo corte actual ha contribuido la creación de poetas y prosistas vascos como Unamuno; levantinos, como Azorín; gallegos, como Valle Inclán; nicaragüenses como Rubén Darío; argentinos, como Borges; un castellano influido también por los periodistas de Madrid . . . y por los buenos o malos traductores de libros extranjeros.

No, no es legítimo hablar de sectores geográficos privilegiados de la lengua española. Su base usual, expugnado el localismo por las comunicaciones de todas clases, por la extensión de la enseñanza, por el prevalecimiento de la cultura escrita sobre la tradición oral; derrotado el folklore, es cada vez más y más homogénea. Y sobre esa base mostrenca será el talento ejercitado el que confiera dominio y determine calidad. Ni basta, ni hace falta ser castellano para escribir bien nuestro idioma, sea originalmente, sea vertiendo a él textos de otros ajenos; sino, teniendo como propio dicho idioma, poseer también las aptitudes y una formación de escritor. Ése y no otro es el requisito primordial para hacer buenas traducciones: ser un escritor quien las haga. Ni en Castilla ni en parte alguna la tarea de traducir puede ser contemplada como uno de esos trabajos para los que no se requiere cualificación especial, changa que se toma y se deja al azar de la fortuna. El error de creer que todo el mundo y cualquiera es capaz de desempeñarse en ella, con tal de que, además del propio, domine un idioma extranjero – o, cuando menos, posea del mismo nociones y diccionario – toma origen en la condición comunitaria del lenguaje, instrumento de expresión del que todos tenemos que servirnos y nos servimos de continuo para las necesidades de la convivencia práctica. Todos conocemos, en efecto, el idioma, puesto que sabemos hablar y escribir; pero su uso dentro del círculo de la experiencia vulgar no confiere a nadie aptitudes para rebasar su radio, pues la expresión de realidades, ideas o sentimientos más allá de aquella vulgar experiencia pide léxico y habilidad constructiva que sólo un cultivo adecuado permite adquirir. En otras palabras: reclama una formación de escritor.

Ahora bien: una formación de escritor – para no hablar de vocación y talento literario – aplicada a actividad tan exigente y tan ingrata como la de traducir obras ajenas, es cosa difícil de hallar en todo momento. ¿Qué no ocurrirá cuando circunstancias como la del crecimiento editorial antes aludido ofrecen oportunidad con sus requerimientos para que los audaces acudan a cumplirla con disposición de changadores?

Francisco Ayala (España): *Problemas de la traducción* (Taurus Ediciones, 1965)

1 Por mucha que sea: *however great it may be*. 3 meandro: *backwater*. 4 se remansa: se inmoviliza. 14 corte: forma. 21 expugnado: vencido. 22 localismo: elementos exclusivamente locales del lenguaje. 25 mostrenca: común a todos. 31 primordial: principal, imprescindible. 35 changa: *odd job*. 51 para no hablar de: *not to*

speak of. 55 el crecimiento editorial: el aumento constante de la cantidad de libros publicados. 57 con disposición de changadores: con una actitud propia de los que se ganan la vida haciendo changas.

[47]

Las ventanas de mi cuarto están cerradas porque no soporto la luz. Tiemblo de frío bajo las cobijas y sin embargo, estoy ardiendo en calentura. La nana se inclina hacia mí y pasa un pañuelo humedecido sobre mi frente. Es inútil. No logrará borrar lo que he visto. Quedará aquí, adentro, como si lo hubieran grabado sobre una lápida. No hay olvido.

Venía desde lejos. Desde Chactajal. Veinticinco leguas de camino. Montañas duras de subir; llanos donde el viento aúlla; pedregales sin término. Y allí, él. Desangrándose sobre una parihuela que cuatro compañeros suyos cargaban. Llegaron jadeantes, rendidos por la jornada agotadora. Y al moribundo le alcanzó el aliento para traspasar el umbral de nuestra casa. Corrimos a verlo. Un machetazo casi le había desprendido la mano. Los trapos en que se la envolvieron estaban tintos en sangre. Y sangraba también por las otras heridas. Y tenía el pelo pegado a la cabeza con costras de sudor y de sangre.

Sus compañeros lo depositaron ante nosotros y allí murió. Con unas palabras que únicamente comprenden mi padre y la nana y que no han querido comunicar a ninguno.

Ahora lo están velando en la caballeriza. Lo metieron en un ataúd de ocote, pequeño para su tamaño, con las junturas mal pegadas por donde escurre todavía la sangre. Una gota. Lentamente va formándose, y va hinchiéndose la otra. Hasta que el peso la vence y se desploma. Cae sobre la tierra y el estiércol que la devoran sin ruido. Y el muerto está allí, solo. Los otros indios regresaron inmediatamente a la finca porque son necesarios para el trabajo. ¿Quién más le hará compañía? Las criadas no lo consideran su igual. Y la nana está aquí conmigo, cuidándome.

– ¿Lo mataron porque era brujo?

Tengo que saber. Esa palabra que él pronunció tal vez sea lo único que borre la mancha de sangre que ha caído sobre la cara del día.

– Lo mataron porque era de la confianza de tu padre. Ahora hay división entre ellos y han quebrado la concordia como una vara contra sus rodillas. El maligno atiza a los unos contra los otros. Unos quieren seguir, como hasta ahora, a la sombra de la casa grande. Otros ya no quieren tener patrón.

No escucho lo que continúa diciendo. Veo a mi madre, caminar de prisa, muy temprano. Y detenerse ante una casa de tejamanil. Adentro está la tullida, sentada en su silla de palo, con las manos inertes sobre la falda. Mi madre le lleva su desayuno. Pero la tullida grita cuando mi madre deja caer, a sus pies, la entraña sanguinolenta y todavía palpitante de una res recién sacrificada.

No, no, no es eso. Es mi padre recostado en la hamaca del corredor, leyendo. Y no mira que lo rodean esqueletos sonrientes, con una risa silenciosa y sin fin. Yo huyo, despavorida, y encuentro a mi nana lavando nuestra ropa a la orilla de un río rojo y turbulento. De rodillas golpea los lienzos contra las piedras y el estruendo apaga el eco de mi voz. Y yo estoy llorando en el aire sordo mientras la corriente crece y me moja los pies.

Rosario Castellanos (México): *Balún-Canán*
(Fondo de Cultura Económica, 1961)

7 Chactajal: lugar del Estado de Chiapas, México. 10 cargaban: llevaban. 13 machetazo: golpe dado con machete. 22 ocote (Méx.): *torch pine*. 37 el maligno: el diablo. 39 casa grande: la de los amos. 43 tejamanil: con techo de tablas de madera. 43 la tullida: una amiga suya. 46 sanguinolenta: sangrienta. 49 corredor (América): espacio bajo los soportales al exterior de algunas casas.

[48]

El doble aspecto de la reforma de la Universidad consiste, pues, en esas dos tareas inseparables: la organización y cuidado externo de la Universidad, por un lado y, por otro, el cambio interno de mentalidad necesario para recobrar, bajo una nueva forma, la idea de la Universidad. La simple práctica de la asistencia docente a las masas carecería de sentido; la pura especulación de la idea se tornaría románticamente irreal. El destino de la Universidad depende de la manera en que ambas se comporten entre sí, a través de la última motivación espiritual de las medidas concretas.

El estudiante se halla en el comienzo de su trayectoria vital; quiere fundarla en lo originario, y lleva con su futuro el de su pueblo y su Estado, para los cuales se prepara.

De momento, el estudiante sólo es responsable de sí propio. Completamente distinto es el caso del maestro, que con la responsabilidad de sí mismo es ya, de una manera inmediatamente eficaz, responsable del todo. Los profesores y los hombres del Estado tienen actualmente que encontrar, mediante reformas de la situación enteramente insuficiente e inestable, las condiciones para el mejor cumplimiento posible de la tarea. Si les salen bien las oportunas reformas y ordenaciones, tienen también que poner siempre el pensamiento y la voluntad en lo que es propiamente el sentido: la Universidad como el lugar en el que la verdad, en todas sus direcciones, debe manifestarse y ser captada, a la vez, por todos los estudiantes. Pero esto, que es más que una reforma, o, mejor dicho, que debe ser el objectivo de ésta, es el continuo renacimiento de la verdad en los sabios, los investigadores y los pensadores. Que éste sea el centro de la Universidad, así como que la Universidad pueda ser el centro de la formación espiritual de un pueblo: tal es la idea conductora; de lo contrario, todas las reformas acaban en un negocio en el que la misma Universidad se pierde.

Federico Delclaux (España), en
La actualidad española, 29 – VIII – 68

11 su trayectoria vital: *his professional life*. 12 lo originario: la tradición. 14 De momento: por ahora. 32 conductora: directora.

[49]

El empleo popular de la guitarra representa dos valores musicales bien determinados: el rítmico *exterior* o inmediatamente perceptible, y el valor puramente tonal-armónico.

El primero, en unión de algunos giros cadenciales fácilmente asimilables, ha sido el único utilizado durante largo tiempo por la música más o menos artística, mientras que la importancia del segundo – el valor puramente tonal-armónico – apenas ha sido reconocido por los compositores, exceptuando a Domenico Scarlatti, hasta una época relativamente reciente.

Los compositores rusos . . . fueron, después del viejo y admirable músico napolitano, quienes primero se percataron de ello; pero como a excepción de Glinka ninguno conocía más que por referencias el tañido peculiar del pueblo andaluz, la aplicación artística del mismo fue necesariamente reducida. El mismo Glinka fijó más su atención en las formas ornamentales y en algún giro cadencial, que en los fenómenos armónicos internos que se producen en lo que pudiéramos llamar *toque jondo*.

Claude Debussy fue el compositor a quien, en cierto modo, debemos la incorporación de esos valores a la música artística; su escritura armónica, su *tejido* sonoro dan fe de ello en no pocos casos.

El ejemplo dado por Debussy tuvo inmediatas y brillantes consecuencias: la admirable *Iberia* de nuestro Isaac Albéniz cuenta entre las más ilustres.

Y es que el *toque jondo* no tiene rival en Europa. Los efectos armónicos que *inconscientemente* producen nuestros guitarristas, representan una de las maravillas del arte natural. Es más; creemos que nuestros instrumentistas del siglo XV fueron probablemente los primeros que acompañaron armónicamente (con acordes) la melodía vocal o instrumental.

> Manuel de Falla (España): *Escritos sobre música y músicos* (Espasa-Calpe Argentina, 1950)

4 giros: *phrases.* 9 Domenico Scarlatti: compositor italiano (1685–1757). 14 tañido: manera de tocar la guitarra. 19 toque jondo: manera de tocar la guitarra en la música tradicional andaluza. 25 *Iberia*: suite para piano. 25 Isaac Albéniz: pianista y compositor (1860–1909).

[50]

Abrí un semanario francés, y les leí este anuncio:

'Una nueva manera de casarse. De ahora en adelante podrá usted descubrir, gracias a los circuitos electrónicos, las posibilidades de una elección realmente personal. El ordenador puede facilitar la realización de la pareja que soñáis, con libertad e independencia absolutas ...' La revista *Nouvel Observateur* ha escrito: 'El ION ofrece más probabilidades de acierto a las generaciones futuras, ayudándolas a reducir, por medios científicos, el riesgo de error en la elección del cónyuge' y *Le Nouveau Candide* ha afirmado: 'Ha sonado la hora del casamiento científico.

Diríjanse ustedes a ION, calle de Saint Lazare, París'.

– Y eso, ¿cómo funcionará? – preguntó la novia, interesada.

– Habrá que dar, supongo, dos clases de información a la máquina. La personal y la del cónyuge deseado. Se le dirá al ordenador, por ejemplo: mido un metro setenta y cinco, peso setenta kilos, tengo veinticinco años, soy pelirrojo, de nariz aguileña y boca grande. . . . Se dirá también la profesión del candidato, su carrera, si se trata de un estudiante, su sueldo, el piso de que dispone, y, naturalmente, esos datos complementarios que en la vida conyugal adquieren tanta importancia: si le gustan, o no, la música, el baile, los toros, el fútbol, el póker, la pipa; si es trasnochador o madrugador, si es un fanático de la caza o del golf. Luego, en otras tarjetas, se definirán las características de la mujer deseada. Físicamente, lo más parecido a Sofía Loren, metafísicamente perfecta: fiel, sonriente, bondadosa, resignada, buena madre, nada celosa, poco curiosa, etc. Por su parte, ellas también pedirán lo suyo: buenos mozos, guapos, inteligentes, trabajadores, ricos . . .

– ¿Y los demás? – preguntó mi joven amigo, preocupado.

– Supongo que el ordenador número uno hará la selección de una minoría de parejas teóricamente perfectas, de las que acaso nacerá el superhombre con que soñaba Nietzsche. Rechazará a las demás, que pasarán a otro aparato el cual formará lo que podríamos llamar las parejas de segunda división. Éste eliminará a otras, que descenderán a la tercera, y así sucesivamente.

– ¿Y si un marido de primera división, como dices, se cansa de la esposa que electrónicamente le corresponde – inquirió la novia – y se enamora de su secretaria, que es una chatunga pecosa, feúcha y algo tonta?

– Será un sentimiento anticientífico, no previsto en la programación y, por tanto, objeto de tratamiento médico. Me figuro que se internará a esta clase de sujetos, o se les pondrán inyecciones adecuadas. No sé. Acaso en el mundo de mañana nuestras inclinaciones figuren en una ficha personal, como ahora las huellas dactilares en los pasaportes, y no estemos autorizados a trasponer los límites del mapa sentimental que nos corresponde.

Semana (España), 6 – I – 68

5 ordenador: *computer*. 5 la pareja: *partner*. 20 carrera: *course of study*. 28 resignada: sumisa. 39 y así sucesivamente: *and so on*. 43 chatunga: chata. 43 feúcha: muy fea.

[51]

La evolución ideal de España se explica sólo cuando se contrastan todos los hechos exteriores de su historia con el espíritu permanente, invariable, que el territorio crea, infunde, mantiene en nosotros. Como hay continentes, penínsulas e islas, así hay también espíritus continentales, peninsulares e insulares. Los territorios tienen un carácter natural que depende del espesor y composición de su masa, y un carácter de relación que surge de las posiciones respectivas: relaciones de atracción, de dependencia o de oposición. Una isla busca su apoyo en el continente, del que es como una accesión, o reacciona contra ese continente si sus fuerzas propias se lo permiten; una península no busca el apoyo, que ya está por la naturaleza establecido, y reacciona contra su continente con tanta más violencia cuanto más distante se halla del centro continental; un continente es una masa equilibrada, estática, constituída en foco de atracción permanente. La evolución ideal es más rápida en las islas que en las penínsulas, más en éstas que en los continentes, más en los litorales que en el interior; la evolución de un territorio o de los individuos que lo ocupan está en razón directa de su distancia del centro de las unidades territoriales, porque la distancia provoca, con el movimiento de reacción, otro movimiento concordante de excitación espiritual.

Comparando los caracteres específicos que en los diversos grupos sociales toman las relaciones inmanentes de sus territorios, se notará que en los pueblos continentales lo característico es la resistencia, en los peninsulares la independencia y en los insulares la agresión. El principio general es el mismo: la conservación; pero los continentales, que tienen entre sí relaciones frecuentes y forzosas, la confían al espíritu de resistencia; los peninsulares, que viven más aislados, aunque no libres de ataques e invasiones, no necesitados de una organización defensiva permanente, sino de unión en caso de peligro, la confían al espíritu de independencia, que se exacerba con las agresiones; los insulares, que viven en territorio aislado con límites fijos e invariables, menos expuestos, por tanto, a las invasiones, se ven impelidos, cuando les obliga a ello la necesidad de acción, a convertirse en agresores. Y no se crea que es necesario que las agrupaciones sociales tengan conocimientos geográficos para que conozcan la índole de su territorio: la experiencia histórica acumulada suministra un conocimiento perfecto. El insular sabe que tiene su defensa más firme en su aislamiento: podrá aceptar una dominación extraña si carece de fuerza para mantener su independencia; pero de hecho es independiente, y sabe además que la fuerza de caracterización de su suelo insular es tan vigorosa, que si algunos elementos extraños se introducen en él, no tardarán en adquirir el sentimiento de la autonomía. En cambio, el continental no confía en el suelo, que no le ofrece seguridad bastante, y desarrolla más el espíritu de resistencia: podrá ser dominado; pero apoyándose en la fuerza de su carácter, en la pasividad se mantendrá puro entre sus dominadores. El peninsular conoce asimismo cuál es el punto débil de su territorio, porque por él ha visto entrar siempre a los invasores; pero como su espíritu de resistencia y previsión no ha podido tomar cuerpo por falta de relaciones constantes con otras razas, se deja invadir fácilmente, lucha en su propia casa por su independencia, y si es vencido se amalgama con sus vencedores con mayor facilidad que los continentales.

Ángel Ganivet (España): *Idearium español*
(Espasa-Calpe Argentina, 1949)

1 ideal: espiritual. 41 agrupaciones: grupos. 58 tomar cuerpo: *take shape.*

[52]

Tiene para las muchedumbres el encanto de su franqueza algo rústica, de su malicia bonachona a ratos, de su alegría medio salvaje; tiene el prestigio de su valor que yo reconozco, pero del que dudan sus enemigos; mejor dicho de su agresividad de jabalí cuando pretenden acorralarlo; y sobre todo esto tiene . . . que le falta un brazo.

Perdone el lector que insista sobre la falta del brazo. En Méjico tiene más importancia que en otro país. El pueblo mejicano, que con tanta facilidad toma el fusil y se mata las más de las veces sin saber por qué, es al mismo tiempo un pueblo sentimental y propenso al enternecimiento. Dispone con indiferencia de su propia vida, está pronto a darla por cualquier cosa, y en cambio, llora cuando uno de sus héroes amados sufre la menor contrariedad. Los mejicanos del pueblo descienden de aquellos aztecas, magníficos jardineros que cultivaban con amor las flores y al mismo tiempo les arrancaban el corazón, estando vivos, a unos cuantos millares de prisioneros en cada una de sus fiestas religiosas.

Poesía y sangre; sentimentalismo y muerte.

Vicente Blasco Ibáñez (España): *El militarismo mejicano* (*Obras completas*, Aguilar, 1946)

Retrato de Álvaro Obregón, presidente de México de 1920 a 1924. 8 Méjico: a menudo se escribe con 'j' en España. 17 unos cuantos: varios.

[53]

El domingo siguiente, día 15, el teniente coronel de la Guardia Civil de Gijón, don Ángel García Suárez recibe una llamada telefónica urgente. Al aparato, el teniente coronel de la Guardia Civil de Santander:

– Hay cuatro montañeros perdidos en el Naranjo de Bulnes. Me han avisado sus familias de que deberían haber vuelto este domingo. Han entrado por Santander, pero ahora están en tu demarcación.

García Suárez avisa a su coronel, don Enrique Nieto Tejedor, quien había de dirigir luego la operación de rescate con los helicópteros. Son las diez y media de la mañana. Unas horas después, a la una, están en Arenas de Cabrales, el pueblo más cercano al pico, que también fue base de las operaciones de rescate el año pasado y que a partir de ese momento sufre una conmoción. El domingo es el día de la angustia. Hay niebla y gran tempestad. Los helicópteros no han llegado todavía. No se sabe nada de los montañeros. Nada se puede hacer. La impotencia desespera. En esto, la noticia se extiende por toda España. Acuden montañeros de los cuatro puntos cardinales que la han oído en las radios de sus coches, en la televisión. Se forman equipos. Una vez más se prueba la solidaridad en este peligroso deporte. El lunes amanece muy agitado. Al atardecer, bajan del refugio Almirante y Herreros, y tranquilizan a todo el mundo.

– Todo está muy preparado. Están a punto de coronarlo. Es una falsa alarma.

Algunos equipos de montañeros se vuelven. La operación se enfría. Queda la Guardia Civil, expectante.

Pero los montañeros no se presentan en los días siguientes. La marea de la preocupación vuelve a subir mientras se espera. Y es que, aunque se llegue al refugio de partida, no se puede comunicar con ellos. No tienen radioteléfono. Almirante dice:

– Nunca se lleva. No suele hacer falta.

Existe la completa certeza de que están perdidos. El recuerdo del año pasado se hace insistente, insoportable. Han llegado dos helicópteros del Servicio de Rescate Aéreo. Por desgracia, sus características no permiten a estos aparatos acercarse a Lastra y Arrabal. Se piden otros dos más pequeños y más maniobreros: uno, a la Jefatura Central de Tráfico, y otro, a la Compañía Avicopter, S. A. Tampoco éstos pueden rescatar directamente a los montañeros. A lo sumo podrán acercarse al borde de la cornisa para llevarles ropas y alimentos.

Localizados en una oquedad muy poco profunda a unos cien metros de la cumbre, Lastra y Arrabal se mantienen amarrados fuertemente a unas clavijas. Lastra se mueve de continuo. Arrabal permanece inmóvil, embutido en su saco de dormir. La tormenta no ha cejado todavía. Hasta el viernes no es posible acercarse a ellos para enviarles alimentos, víveres y la gran ayuda moral de saberse descubiertos. La operación es dificilísima. El montañero Alfonso Alonso – Alfonsín –, sentado por fuera del pequeño helicóptero de Tráfico, ha conseguido hacerles llegar comida y equipo, mientras el radioteléfono se precipitaba en el vacío, estrellándose 400 metros más abajo. Las aspas del helicóptero han permanecido girando peligrosamente tan sólo a unos metros de la pared. El temple del piloto y del montañero es admirable.

El mismo viernes llega a la cumbre, escalándola por la cara sur, una cordada de 15 montañeros. Llevan tornos, una especie de polea que instalarán en el borde de la pared y que emplearán para izar a los heridos, como ellos les llaman. En el refugio de Vega Urriello quedan otros compañeros que prestan apoyo a la operación. Se han seleccionado los mejores sin tener en cuenta si pertenecían o no a la Federación Nacional. Los quince de la cumbre han estado en los Andes, en el Cáucaso. Son los mejores, sin dudar.

Al día siguiente, los tres primeros que volvieron en el helicóptero desde la cumbre: César Pérez de Tudela, inspector de Policía, Carlos Oria y Salvador Rivas, catedrático de Botánica de la Universidad de Madrid, declararon:

– Los vascos montaron los tornos. La operación comenzó a las seis de la tarde, y llegada la noche aún no se había descolgado nadie. Sin embargo, se decidió continuar a pesar de la noche. Había luna llena, estaba despejado y el viento había cesado como por milagro. Ninguno de nosotros lo dudó ni un instante. La operación terminó felizmente a las cuatro y media de la mañana. Dimos la noticia por radioteléfono. En seguida la sabría España entera.

Blanco y negro (España), 28 – 11 – 70

2 Guardia Civil: *Spanish gendarmerie.* 2 Gijón: ciudad del norte de España en la región de Asturias. 4 Santander: al este de Asturias. 5 Naranjo de Bulnes: montaña que se encuentra en los Picos de Europa, situados entre las provincias de Asturias, Santander y León. 24 Almirante y Herreros: dos de los montañeros perdidos. 32 refugio de partida: *base camp.* 48 clavijas: *spikes.*

[54]

Discurriendo al azar por entre el confuso laberinto de calles de la antiquísima ciudad de Toledo, el artista, el historiador y el poeta encuentran en los detalles de sus edificios, en los grandes nombres que conmemoran y el sentimiento que inspiran, el más curioso de los museos, la más interesante de las crónicas y la más pura fuente de melancólicas y altas inspiraciones.

El dibujo que damos a nuestros lectores, recuerdo de uno de estos paseos por las desiertas calles de la ciudad histórica por excelencia, es cumplida prueba de lo que dejamos dicho.

En el fondo se destaca sobre los redondos arcos del pórtico de una iglesia, cuya última restauración se remonta al siglo XVI, la torre alta y airosa que en su tipo y ornato ofrece clara muestra del visible influjo de la dominación árabe. A un lado y contra el desnudo paredón del ábside de un convento, se ve la cruz colosal que expresa con líneas más sobrias y grandes el mismo pensamiento religioso que llenó en una época de churriguerescos retablos las esquinas de las calles de nuestras antiguas poblaciones. Al otro, completa el cuadro el muro y la portada de granito de una noble casa, solar de un esclarecido linaje.

El artista no necesita preguntar el nombre de aquellos edificios, no conocer las circunstancias de su construcción o los sucesos de que han sido teatro, para encontrar un cuadro completo en la combinación de sus caprichosas líneas, su color y detalles.

Gustavo Adolfo Bécquer (España): *Una calle de Toledo* (*Obras completas*, Aguilar, 1950)

1 al azar: *at random.* 10 dejamos dicho: ya hemos dicho. 16 paredón: muro. 19 churrigueresco: del estilo de José Churriguera (1650–1723); un barroco muy ornado. 19 retablo: *altarpiece, reredos.*

[55]

Nuestro amigo, el explorador y filósofo peruano Daniel Ruzo, sale a estudiar la meseta desértica de Marcahuasi, a 3.800 metros de altitud, al oeste de la cordillera de Los Andes. Esa meseta sin vida, que no puede alcanzársela, como no sea a mula, mide tres kilómetros cuadrados. Ruzo descubre en ella animales y rostros humanos tallados en la roca y visibles sólo durante el solsticio de verano gracias al juego de luces y de sombras. Encuentra estatuas de animales de la era secundaria, como el estegosauro, leones, tortugas, camellos, desconocidos todos en Suramérica. Una colina tallada representa la cabeza de un anciano. El negativo de la fotografía revela un joven resplandeciente. La prueba del carbono 14 no ha sido aún posible: ningún vestigio orgánico sobre el Marcahuasi. Los índices nos hacen remontar la noche de los tiempos. Ruzo piensa que esa meseta sería la cuna de la civilización Masma, tal vez la más antigua del mundo.

Encontramos el recuerdo del hombre blanco sobre otra meseta fabulosa, en Tiahuanaco, a 4.400 metros de altitud. Cuando los incas conquistaron esa región del lago Titicaca, Tiahuanaco era ya el campo de ruinas gigantescas e inexplicables que hoy conocemos. Cuando Pizarro la alcanza, en 1532, los indios dan a los conquistadores el nombre de Viracochas: maestros blancos. Su tradición, ya más o menos perdida, habla de una raza de maestros, gigante y blanca, venida de otra parte, surgida de los espacios, una raza de Hijos del Sol. Ella reinó y enseñó hace milenios. Desapareció de repente. Retornará. Por todas partes, en Suramérica, los europeos que se precipitaban a la busca del oro, encontraron esta tradición del hombre blanco y se beneficiaron de ella. Su más bajo deseo de conquista y lucro fue ayudado por el más misterioso y gran recuerdo.

El altiplano boliviano y peruano evoca otro planeta. No es la tierra. Es Marte. La presión del oxígeno es la mitad de la existente al nivel del mar, y, sin embargo, allí encontramos hombres a 3.500 metros de altitud. Tienen dos litros de sangre menos que nosotros, ocho millones de glóbulos rojos, en lugar de cinco, y su corazón late más lentamente que el nuestro. La prueba del carbono 14 revela la presencia humana desde hace ya 9.000 años. Algunas determinaciones recientes inducen a pensar que los hombres vivían allí hace más o menos 30.000 años. No se excluye que seres humanos que supieran trabajar los metales, que poseyeran observatorios y una ciencia, hayan construido, hace 30.000 años ciudades gigantes. ¿Guiados por quién?

Ciertos trabajos de irrigación efectuados por los preincas serían apenas realizables con nuestras turbinas eléctricas. ¿Por qué, hombres que no se servían de la rueda, construyeron enormes rutas pavimentadas? . . .

¿Qué significan las figuras de Nazca? Se trata de líneas geométricas inmensas trazadas sobre la llanura de Nazca, visible sólo desde un avión o un balón y que la exploración aeronáutica acaba de descubrir. El profesor Mason, que no podría como Verrill, ser suspecto de fantasía, se pierde en conjeturas. Hubiera sido necesario que los constructores fuesen guiados desde un aparato flotante en el cielo. Mason rechaza la hipótesis e imagina que esas figuras han sido colocadas, a partir de un modelo reducido o una reja. Dado el nivel técnico de los preincas admitido por la arqueología clásica, resulta más improbable aún. ¿Y cuál sería el significado de ese trazado? ¿Religioso? Es lo que se dice siempre, al azar. La explicación por la religión desconocida: método corriente. Prefieren imaginarse toda suerte de disparates, en lugar de otros estratos del conocimiento y la técnica. Es una cuestion de precedencia: las luces de hoy son las únicas luces posibles. Las fotografías disponibles de la llanura de Nazca hacen pensar irresistiblemente en el abalizaje de una pista de aterrizaje. Hijos del Sol, venidos del cielo.... El profesor se cuida bien de comparar estas leyendas y supone una especie de religión de la trigonometría, de la que la historia de las creencias no nos da, por otra parte, ningún ejemplo. Y sin embargo, algo más lejos, menciona la mitología preincaica, según la cual las estrellas están habitadas y los dioses descendieron de la constelación de las Pléyades.

Louis Pauwels y Jacques Bergier en *Revista nacional de cultura* (Venezuela), septiembre–diciembre 1961

4 no puede alcanzársela: una sintaxis más corriente sería 'no se puede alcanzar'. 5 como no sea: a menos que sea. 9 era secundaria: tercero de los períodos geológicos (arcaico, primario, secundario, etc.). 9 estegosauro: *stegosaurus*. 12 la prueba del carbono 14: prueba que consiste en calcular cuánta radioactividad han perdido los restos orgánicos antiguos; *carbon 14 test*. 14 índices: indicios. 26 los espacios: el espacio sideral. 33 el altiplano: altiplanicie de Bolivia. 50 Nazca: zona de la costa peruana. 58 una reja: *grid*. 61 trazado: líneas trazadas. 62 al azar: adivinando. 62 por: por medio de. 67 abalizaje: *marking, layout*. 69 se cuida bien de comparar: se guarda bien de comparar. 74 Pléyades: *Pleiades*.

[56]

El curso 1967–8 quedará en los anales de la historia de la Universidad española como el curso de mayor agitación de la postguerra hasta el momento. Se puede afirmar que todo él ha estado presidido por una situación de continuada violencia, que ha estallado en diferentes momentos con mayor o menor intensidad y que ha impedido el normal desenvolvimiento de la actividad académica. La grave crisis que viene atravesando la Universidad española desde hace varios años ha hecho eclosión en el presente curso con tal virulencia, que ha sacudido los mismos cimientos de la institución universitaria. Las palabras del profesor francés André Lwoff, que renunció al doctorado *honoris causa* de la Universidad de Madrid, reflejaban una dramatica realidad: 'En otros términos, no hay Universidad'. En la Universidad de Madrid, que ha constituído el foco principal de la protesta estudiantil y los disturbios, prácticamente no ha existido en ningún momento la normalidad académica. Como dato significativo se puede señalar que en la Facultad de Ciencias Políticas y Económicas los días en que se ha desarrollado con un mínimo de normalidad la actividad académica, no han sumado más de cincuenta. En el resto de las Facultades de la Universidad de Madrid los días lectivos en ningún caso han doblado la cifra de la Facultad de Ciencias Políticas y Económicas. En esta situación se puede afirmar con todo rigor que en el curso 1967–8 la labor docente y la tarea investigadora – los dos fines básicos de la Universidad – no se han desarrollado en los centros universitarios.

Cuadernos para el diálogo (España), abril de 1968

3 la postguerra: variante de 'posguerra'. 9 ha hecho eclosión: ha estallado. 25 con todo rigor: con toda exactitud.

[57]

El juego ha existido en todas las sociedades. El general griego Palamedes enseñó a sus soldados a jugar a los dados para entretener sus instintos destructivos cuando no había guerra.

La actitud popular ha fluctuado bastante desde entonces, siguiendo ciclos de indulgencia o restricción. Los primitivos griegos condenaban el juego porque corrompía el orden del Estado. Los egipcios suponían que afeminaba a los hombres. Los primitivos cristianos sostenían que no se podía aceptar a un jugador porque era demasiado mundano.

Tanto defensores como detractores creían que el juego tenía cierta cualidad histérica, obsesiva. El escritor John Cotton, de la restauración protestante del siglo XVII, lo calificó de 'una enfermedad embrujante, que hace que muchos se rasquen la cabeza, mientras otros, como picados por una tarántula, ríen y ríen hasta morir'.

Los estudiosos suelen dar generalizaciones curiosas: el tipo egocéntrico, competitivo, prefiere juegos que enfrenten a hombre contra hombre, como el póquer, por ejemplo; los intelectuales, más pasivos, gustan de la ruleta; los jugadores de carreras de caballos, y sobre todo los que se arriesgan en demasía, son hombres de clase baja que quieren probar su capacidad de tomar decisiones en una sociedad despersonalizada.

La mayoría juega esporádicamente; el jugador habitual es un caso extremo, pero la realidad es que muchos de sus síntomas son compartidos por todos. La antropóloga Charlotte Olmsted lo define como sustitutivo del sexo:

– Por eso se ve tanto en comunidades masculinas. Ayuda a aliviar muchas tensiones, a evitar peleas y a prevenir la homosexualidad.

Mucha gente juega exclusivamente para tener emociones. Lo mejor que hay después de jugar y ganar es jugar y perder. Lo principal es la emoción. Muchos jugadores habituales confiesan que su deseo primordial es perder, no ganar. El clásico ejemplo de este tipo autodestructivo era Dostoiewsky, que escribía para tener dinero para el juego, en el que siempre perdía. Freud decía que para Dostoiewsky el destino al que había que vencer era una representación paterna de la que esperaba un castigo.

Tal vez la teoría más persuasiva es la del sociólogo

Erving Goffman, que fue *tallador* en Las Vegas durante un año. Describe al juego como una máquina que desgrana decisiones casuales muy rápidamente. Apostar sobre esas decisiones casuales las transforma en decisiones trascendentes. Esto engendra una situación sin sentido, pero con gran carga emotiva, que permite introducir la fantasía y reaccionar exageradamente de una manera absolutamente personal. En otras palabras, el juego se convierte en la vida misma, transformada en lo que uno más quiera.

Panorama (Argentina), enero de 1968

9 primitivos: *early*. 14 lo calificó: lo llamó. 32 emociones: *excitement*. 35 primordial: principal, básico. 36 autodestructivo: que se destruye a sí mismo. 39 representación paterna: *father figure*. 42 tallador (Arg.): *dealer, croupier*. 43 desgrana decisiones: echa, hace decisiones.

[58]

Cuando José Arcadio Buendía se dio cuenta de que la peste había invadido el pueblo, reunió a los jefes de familia para explicarles lo que sabía sobre la enfermedad del insomnio, y se acordaron medidas para impedir que el flagelo se propagara a otras poblaciones de la ciénaga. Fue así como se quitaron a los chivos las campanitas que los árabes cambiaban por guacamayas, y se pusieron a la entrada del pueblo a disposición de quienes desatendían los consejos y súplicas de los centinelas e insistían en visitar la población. Todos los forasteros que por aquel tiempo recorrían las calles de Macondo tenían que hacer sonar su campanita para que los enfermos supieran que estaba sano. No se les permitía comer ni beber nada durante su estancia, pues no había duda de que la enfermedad sólo se transmitía por la boca, y todas las cosas de comer y de beber estaban contaminadas de insomnio. En esa forma se mantuvo la peste circunscrita al perímetro de la población. Tan eficaz fue la cuarentena, que llegó el día en que la situación de emergencia se tuvo por cosa natural, y se organizó la vida de tal modo que el trabajo recobró su ritmo y nadie volvió a preocuparse por la inútil costumbre de dormir.

Fue Aureliano quien concibió la fórmula que había de defenderlos durante varios meses de las evasiones de la memoria. La descubrió por casualidad. Insomne experto, por haber sido uno de los primeros, había aprendido a la perfección el arte de la platería. Un día estaba buscando el pequeño yunque que utilizaba para laminar los metales, y no recordó su nombre. Su padre se lo dijo: 'tas'. Aureliano escribió el nombre en un papel que pegó con goma en la base del yunquecito: *tas*. Así estuvo seguro de no olvidarlo en el futuro. No se le ocurrió que fuera aquella la primera manifestación del olvido, porque el objeto tenía un nombre difícil de recordar. Pero pocos días después descubrió que tenía dificultades para recordar casi todas las cosas del laboratorio. Entonces las marcó con el nombre respectivo, de modo que le bastaba con leer la inscripción para identificarlas. Cuando su padre le comunicó su alarma por haber olvidado hasta los hechos más impresionantes de su niñez, Aureliano le explicó su método, y José Arcadio Buendía lo puso en práctica en toda la casa y más tarde lo impuso a todo el pueblo. Con un hisopo entintado marcó cada cosa con su nombre: *mesa, silla, reloj, puerta, pared, cama, cacerola*. Fue al corral y marcó los animales y las plantas: *vaca, chivo, puerco, gallina, yuca, malanga, guineo*. Poco a poco, estudiando las infinitas posibilidades del olvido, se dio cuenta de que podía llegar un día en que se reconocieran las cosas por sus inscripciones, pero no se recordara su utilidad. Entonces fue más explícito. El letrero que colgó en la cerviz de la vaca era una muestra ejemplar de la forma en que los habitantes de Macondo estaban dispuestos a luchar contra el olvido: *Ésta es la vaca, hay que ordeñarla todas las mañanas para que produzca leche y a la leche hay que hervirla para mezclarla con el café y hacer café con leche.* Así continuaron viviendo en una realidad escurridiza, momentáneamente capturada por las palabras, pero que había de fugarse sin remedio cuando olvidaran los valores de la letra escrita.

En la entrada del camino de la ciénaga se había puesto un anuncio que decía *Macondo* y otro más grande en la calle central que decía *Dios existe.* En todas las casas se habían escrito claves para memorizar los objetos y los sentimientos.

Gabriel García Márquez (Colombia): *Cien años de soledad* (Editorial Sudamericana, 1969)

4 flagelo: calamidad. 44 yuca, malanga: especies de plantas. 44 guineo: especie de plátano.

[59]

FUNERALES

¡Pescadores, pescadores,
lanzad el arpón al viento
y en banderas sin colores
izad vuestro sentimiento!

Lloren los ojos del puente
las aguas de treinta ríos;
que el puño de la corriente
rompa en el mar los navíos.

¡Lampiños guardias marinas,
que alegres guardáis las olas,
giman las negras bocinas
y callen las caracolas!

¡Marineras, marineras,
mujeres del aire frío,
regad vuestras cabelleras
negras por el playerío!

¡Sal, hortelana, del mar,
flotando, sobre tu huerto,
desnuda, para llorar
por el marinero muerto!

Llueve sobre el agua, llueve
nieve negra de alga fría.
Entre glaciares de nieve,
abierta, la tumba mía.

¡Funerales de las olas!
¡El viento, en los arenales!
Entre apagadas farolas
se hunden mis funerales.

Rafael Alberti (España): *Marinero en tierra*
(Biblioteca Nueva, 1968)

5 ojos: arcos. 9 guardias marinas: *midshipmen.* 12 caracola: *conch horn.* 16 el playerío: las playas.

[60]

Los pordioseros se arrastraban por las cocinas del mercado, perdidos en la sombra de la Catedral helada, de paso hacia la Plaza de Armas, a lo largo de calles tan anchas como mares, en la ciudad que se iba quedando atrás íngrima y sola.

La noche los reunía al mismo tiempo que a las estrellas.

Se juntaban a dormir en el Portal del Señor sin más lazo común que la miseria, maldiciendo unos de otros, insultándose a regañadientes con tirria de enemigos que se buscan pleito, riñendo muchas veces a codazos y algunas con tierra y todo, revolcones en los que, tras escupirse, rabiosos, se mordían. Ni almohada ni confianza halló jamás esta familia de parientes del basurero. Se acostaban separados, sin desvestirse, y dormían como ladrones, con la cabeza en el costal de sus riquezas: desperdicios de carne, zapatos rotos, cabos de candela, puños de arroz cocido envueltos en periódicos viejos, naranjas y guineos pasados.

En las gradas del Portal se les veía, vueltos a la pared, contar el dinero, morder las monedas de níquel para saber si eran falsas, hablar a solas, pasar revista a las provisiones de boca y de guerra, que de guerra andaban en la calle armados de piedras y escapularios, y engullirse a escondidas cachos de pan en seco. Nunca se supo que se socorrieran entre ellos; avaros de sus desperdicios, como todo mendigo, preferían darlos a los perros antes que a sus compañeros de infortunio.

Comidos y con el dinero bajo siete nudos en un pañuelo atado al ombligo, se tiraban al suelo y caían en sueños agitados, tristes; pesadillas por las que veían desfilar cerca de sus ojos cerdos con hambre, mujeres flacas, perros quebrados, ruedas de carruajes y fantasmas de Padres que entraban a la Catedral en orden de sepultura, precedidos por una tenia de luna crucificada en tibias heladas. A veces, en lo mejor del sueño, les despertaban los gritos de un idiota que se sentía perdido en la Plaza de Armas. A veces, el sollozar de una ciega que se soñaba cubierta de moscas, colgando de un clavo, como la carne en las carnicerías. A veces, los pasos de una patrulla que a golpes arrastraba a un prisionero político, seguido de mujeres que limpiaban las huellas de sangre con los pañuelos empapados en llanto. A veces, los ronquidos de un valetudinario tiñoso o la respiración de una sordomuda encinta que lloraba de miedo porque sentía un hijo en las entrañas.

Miguel Ángel Asturias (Guatemala):
El señor presidente (Losada, 1966)

3 Plaza de Armas: plaza principal de algunas ciudades latinoamericanas. 4 íngrima y sola (modismo americano frecuente): sola. 8 a regañadientes: refunfuñando, con disgusto. 10 revolcón: acción de revolcar a una persona. 19 pasar revista: examinar. 20 que: puesto que. 21 escapulario: *scapulary*. 22 Nunca se supo que se socorrieran: *they had never been known to help each other*. 26 Comidos: después de haber comido. 30 Padres: sacerdotes. 32 una tenia: *tape-worm*.

[61]

Como la técnica española no está todavía en condiciones de llegar a la Luna, será nuestro satélite quien se acerque a España, concretamente a Madrid, y más concretamente a la Ciudad Universitaria, en las instalaciones de la Junta de Energía Nuclear. No hay que temer un cataclismo, pues la recepción de la Luna estará desprovista de toda espectacularidad. Únicamente dos gramos, herméticamente preservados y rodeados de todo un sistema protector – contra incendios, contaminación, desórdenes civiles incluso – llegarán, para ser analizados por un equipo de científicos españoles. La fecha está próxima, y proceden de la misión 'Apolo 12'.

Quizá al hombre de la calle le parezca deleznable esa cantidad de dos gramos de rocas y polvo lunar a partes iguales, pero los métodos de análisis consideran que el peso es suficiente para que las conclusiones sean valiosas. Por otra parte, hay que tener en cuenta que otras trece naciones de todo el mundo se han interesado por las muestras de substrato lunar, y la NASA – entidad norteamericana que hizo posibles los vuelos de los 'Apolos 11' y '12' – se reserva el 60 por 100 del material recogido por los astronautas, y reparte, generosamente, el 40 por 100 restante entre los peticionarios, quienes, además, han de justificar su interés y las garantías de un aprovechamiento científico. El análisis español se hará bajo el sistema de activación con neutrones y espectrometría gamma de alta resolución, lo que significa que se lograrán datos altamente sensibles, capaces de determinar mínimas cantidades de elementos, equivalentes a millonésimas de gramo. Luego dos gramos son suficientes.

Dos gramos, que llegarán a Madrid en valija diplomática y custodiados con más lujo de precauciones que si se tratara de *Las Meninas*. ¿Es que su valor es tan elevado? En realidad no puede compararse al de una obra de arte o al de una piedra preciosa. Esos dos gramos lunares, imperceptibles, equivalen a parte de los resultados de todo el gigantesco Programa Apolo, esa empresa que ha movilizado la ciencia más avanzada y las mejores inteligencias científicas, y redunda, en definitiva, en una aplicación a la técnica cotidiana del hombre, desde el funcionamiento de un electrodoméstico a la mejora de los vuelos supersónicos.

Blanco y negro (España), 7 – III – 70

1 en condiciones de: capaz. 3 concretamente: precisamente. 12 deleznable: minúscula. 18 substrato: suelo. 24 activación con neutrones y espectrometría gamma de alta resolución: *analysis of a substance by bombarding it with neutrons and taking fine measurements of the wavelength of the resulting gamma rays.* 31 *Las Meninas*: célebre cuadro del pintor Velázquez. 38 un electrodoméstico: *household appliance.*

[62]

Nos ha correspondido vivir en un mundo en el que dominan unos efectos cuyas causas correspondientes parecen haber desaparecido; los efectos se han independizado de ellas y han venido a crear unos modos de vida insostenibles, radicalmente opuestos a la vida humana. Estos efectos son la guerra, la opresión, el hambre. Ante ellos estamos sumidos en la incertidumbre y la angustia; barrunta más cuál ha de ser nuestra actitud consecuente y trata más de darla una dimensión e identidad universales, iniciando así la construcción de un nuevo mundo.

No aceptamos el mundo en que estamos inmersos; no lo aceptamos y aun lo rechazamos negándonos a adquirir la ciudadanía en una sociedad regida por una clase dirigente egoísta, atenta solamente a sus fines materiales inmediatos, dominada por la angustia de su propia pervivencia, aferrada mediante la rapiña al poder económico y al poder político.

Clamamos ante la división permanente a escala nacional e internacional, de ricos y pobres; división creadora de una perenne casta de hambrientos y depauperados. Tal separación, no la que se pretende basar en motivos nacionales y políticos, es la que realmente escinde al mundo en dos facciones irreconciliables.

Clamamos ante la sucesiva pérdida de la libertad del hombre; del que se encuentra en las sociedades desarrolladas, abocadas inexorablemente al consumo masivo de bienes, dominadas por grupos de presión confundidos en el aparato del poder estatal; del que vive en las sociedades subdesarrolladas, hipotecadas y amenazadas en su existencia, cuya precariedad fluctúa al socaire de la política y de la economía de las naciones poderosas.

En este mundo de hambre, opresión y guerra, el hombre

está dividido en su propio ser, y obligado a librar con los demás hombres, una angustiosa lucha de lobos para poder subsistir. En tal escenario vital, la cultura, actividad creadora del hombre a lo largo de la Historia y destinada a toda la Humanidad, ha sido degradada paulatinamente en su naturaleza, quedando reducida a un objeto de consumo y de emulación, ostensible, de exclusiva pertenencia a una determinada clase, que se apropia de ella e impide su desarrollo virtual.

Cuadernos para el diálogo (España), enero de 1968

1 Nos ha correspondido: nos ha tocado. 15 pervivencia: supervivencia. 16 la rapiña: *rapine, greed.* 21 escinde: divide. 25 abocadas: dirigidas. 34 escenario vital: ambiente de la vida.

[63]

Parece que algunos de los grandes modistos europeos han sentenciado a muerte a la minifalda y pretenden ahora que esta primavera las mujeres vuelvan a vestirse a la moda de hace años: 'como cuando la duquesa de Windsor era joven'.

En mi opinión es una verdadera lástima – y un verdadero error – esto de que por capricho de los dictadores de la moda nuestras mujeres vuelvan a la rigidez y a la austeridad en sus atuendos cuando tan hermosas y encantadoras están con sus vestidos alegres y jóvenes. Creo que en España hemos cometido el error de confundir durante muchos años la moral y la respetabilidad con la tristeza. En la moda femenina se obligaba a lo negro y austero, incluso a lo feo, como si lo alegre y juvenil estuvieran reñidos con la elegancia y la decencia femeninas. Luego vino la minifalda, que provocó al principio algunas sorpresas, y al fin quedó demostrado que lo cortés no quita lo valiente, que lo juvenil no desdice de la elegancia y que lo alegre no es ni tiene por qué ser sinónimo de mal gusto.

¿Ha pasado ya la hora de la minifalda? Yo, la verdad, no lo creo. Y que me perdone el 'signor' Zanolli y otros mandamases y aguafiestas de la moda femenina, que se empeñan ahora en vestir a nuestras mujeres como si fueran nuestras abuelas. Sería lamentable que esta primavera, con la llegada del buen tiempo, nuestras Evas arrinconasen su moda 'mini' para ponerse ropas al estilo de los años treinta.

Dicen que la minifalda es, a veces, inmodesta y provocativa. Lo es, en efecto, en algunos casos extremos de féminas que quieren llamar la atención. Pero la 'mini' normal, la que lleva cualquier señora o señorita, es una prenda alegre que da airosidad y rejuvenece a la mujer sin quitarle elegancia.

Blanco y negro (España), 7 – III – 70

8 sus atuendos: su indumentaria. 16 lo cortés no quita lo valiente: (proverb) *being gracious does not prevent one from being bold.*

[64]

La mujer de Demetrio Macías, loca de alegría, salió a encontrarlo por la vereda de la sierra, llevando de la mano al niño.

¡Casi dos años de ausencia!

Se abrazaron y permanecieron mudos; ella embargada por los sollozos y las lágrimas.

Demetrio, pasmado, veía a su mujer envejecida, como si diez o veinte años hubieran transcurrido ya. Luego miró al niño, que clavaba en él sus ojos con azoro. Y su corazón dio un vuelco cuando reparó en la reproducción de las mismas líneas de acero de su rostro y el brillo flamante de sus ojos. Y quiso atraerlo y abrazarlo; pero el chiquillo, muy asustado, se refugió en el regazo de la madre.

– ¡Es tu padre, hijo! ... ¡Es tu padre! ...

El muchacho metía la cabeza entre los pliegues de la falda y se mantenía huraño.

Demetrio, que había dado su caballo al asistente, caminaba a pie y poco a poco con su mujer y su hijo por la abrupta vereda de la sierra.

– ¡Hora sí, bendito sea Dios que ya veniste! ... ¡Ya nunca nos dejarás! ¿Verdad? ¿Verdad que ya te vas a quedar con nosotros? ...

La faz de Demetrio se ensombreció.

Y los dos estuvieron silenciosos, angustiados.

Una nube negra se levantaba tras la sierra, y se oyó un trueno sordo. Demetrio ahogó un suspiro. Los recuerdos afluían a su memoria como una colmena.

La lluvia comenzó a caer en gruesas gotas y tuvieron que refugiarse en una rocallosa covacha.

El aguacero se desató con estruendo y sacudió las blancas flores de San Juan, manojos de estrellas prendidos en los árboles, en las peñas, entre la maleza, en los pitahayos y en toda la serranía.

Abajo, en el fondo del cañón y a través de la gasa de la lluvia, se miraban las palmas rectas y cimbradoras; lentamente se mecían sus cabezas angulosas y al soplo del viento se desplegaban en abanicos. Y todo era serranía: ondulaciones de cerros que suceden a cerros, más cerros circundados de montañas y éstas encerradas en una muralla de sierra de cumbres tan altas que su azul se perdía en el zafir.

– ¡Demetrio, por Dios! ... ¡Ya no te vayas! ... ¡El corazón me avisa que ahora te va a suceder algo! ...

Y se deja sacudir de nuevo por el llanto.

El niño, asustado, llora a gritos, y ella tiene que refrenar su tremenda pena para contentarlo.

La lluvia va cesando; una golondrina de plateado vientre y alas angulosas cruza oblicuamente los hilos de cristal, de repente iluminados por el sol vespertino.

– ¿Por qué pelean ya, Demetrio?

Demetrio, las cejas muy juntas, toma distraído una piedrecita y la arroja al fondo del cañón. Se mantiene pensativo viendo el desfiladero, y dice:

– Mira esa piedra cómo ya no se para . . .

Mariano Azuela (México): *Los de abajo*
(Fondo de Cultura Económica, 1967)

9 azoro: *awe.* 9 dio un vuelco: dio un salto. 20 Hora: ahora. 30 aguacero: *downpour.* 32 pitahayos: (*cereus giganteus*), cacto alto que tiene la forma de un árbol. 40 zafir: variante de 'zafiro'.

[65]

La revista *HOGAR 2.000* ha efectuado una encuesta entre varias decenas de periodistas respecto a los españoles, elegidos del campo de la ciencia o de la cultura, que es preciso conocer. El resultado se presta a diversas consideraciones (como por ejemplo, la escasez de científicos), pero hay una de ellas que resalta y hace meditar a todo aquél que quiera ver o entender: de los quince nombres elegidos, siete viven fuera de España, por motivos profesionales o políticos. Unos viven en un exilio que se alarga ya más de un cuarto de siglo y otros han tenido que dejar su país al no encontrar las mínimas posibilidades para el desarrollo de su actividad profesional, artística o investigadora. El hecho es ése y ante él no valen disculpas, omisiones o actitudes displicentes, mucho más teniendo en cuenta que aquéllos a los que se dirigió la encuesta viven todos dentro de España. No caben, por tanto, acusaciones de sectarismo o de parcialidad. Esos siete elegidos, Picasso, Ochoa, Casals, Miró, Alberti, Buñuel y Madariaga, son parte integrante de la cultura española, algo de la que ésta no puede prescindir, salvo automutilándose, reduciéndose. Pero estos españoles no tienen en España ni la proyección ni la audiencia que sin duda merecen. Muchas de sus obras son desconocidas para sus compatriotas, y un velado silencio, cuando no la prohibición y la hostilidad, cubre las actividades de quienes merecerían una atención que el resto del mundo les dispensa.

Cuadernos para el diálogo (España), marzo de 1968

2 decena: grupo de diez. 6 todo aquel: cualquiera. 6 que quiera ver o entender: *with eyes to see.* 17 Picasso: Pablo Picasso, pintor. 17 Ochoa: Severo Ochoa, bioquímico de renombre mundial. 17 Casals: Pablo Casals, violoncelista. 17 Miró: Joan Miró, pintor. 17 Alberti: Rafael Alberti, poeta; véase el texto número 59. 17 Buñuel: Luis Buñuel, director de cine. 17 Madariaga: Salvador de Madariaga, literato. 18 integrante: esencial. 19 salvo automutilándose: *if it is not to cripple itself.* 20 reduciéndose: disminuyéndose. 23 cuando no: si no es. 25 dispensa: presta.

[66]

Los llamados latinos, tal vez porque desde un principio no son propiamente tales latinos, sino un conglomerado de tipos y razas, persisten en no tomar muy en cuenta el factor étnico para sus relaciones sexuales. Sean cuales fueren las opiniones que a este respecto se emitan, y aun la repugnancia que el prejuicio nos causa, lo cierto es que se ha producido y se sigue consumando la mezcla de sangres. Y es en esta fusión de estirpes donde debemos buscar el rasgo fundamental de la idiosincrasia iberoamericana. Ocurrirá algunas veces, y ha ocurrido ya, en efecto, que la competencia económica nos obligue a cerrar nuestras puertas, tal como lo hace el sajón, a una desmedida irrupción de orientales. Pero al proceder de esta suerte, nosotros no obedecemos más que a razones de orden económico; reconocemos que no es justo que pueblos como el chino, que bajo el santo consejo de la moral confuciana se multiplican como los ratones, vengan a degradar la condición humana, justamente en los instantes en que comenzamos a comprender que la inteligencia sirve para refrenar y regular bajos instintos zoológicos, contrarios a un concepto verdaderamente religioso de la vida. Si los rechazamos es porque el hombre, a medida que progresa, se multiplica menos y siente el horror del número, por lo mismo que ha llegado a estimar la calidad. En los Estados Unidos rechazan a los asiáticos, por el mismo temor del desbordamiento físico propio de las especies superiores; pero también lo hacen porque no les simpatiza el asiático, porque lo desdeñan y serían incapaces de cruzarse con él. Las señoritas de San Francisco se han negado a bailar con oficiales de la marina japonesa, que son hombres tan aseados, inteligentes y, a su manera, tan bellos, como los de cualquiera otra marina del mundo. Sin embargo, ellas jamás comprenderán que un japonés pueda ser bello. Tampoco es fácil convencer al sajón de que si el amarillo y el negro tienen su tufo, también el blanco lo tiene para el extraño, aunque nosotros no nos demos cuenta de ello. En la América Latina existe, pero infinitamente más atenuada, la repulsión de una sangre que se encuentra con otra sangre extraña. Allí hay mil puentes para la fusión sincera y cordial de todas las razas. El amurallamiento étnico de los del Norte frente a la simpatía mucho más fácil de los del Sur, tal es el dato más importante y a la vez el más favorable para nosotros, si se reflexiona, aunque sea superficialmente, en el porvenir. Pues se verá en seguida que somos nosotros de mañana, en tanto que ellos van siendo de ayer. Acabarán de formar los yanquis el último gran imperio de una sola raza: el imperio final del poderío blanco. Entre tanto, nosotros seguiremos padeciendo en el vasto caos de una estirpe en formación, contagiados de la levadura de todos los tipos, pero seguros del avatar de una estirpe mejor. En la América española ya no repetirá la Naturaleza uno de sus ensayos parciales, ya no será la raza de un solo color, de rasgos particulares, la que en esta vez salga de la olvidada Atlántida; no será la futura ni una quinta ni una sexta raza, destinada a prevalecer sobre sus antecesoras; lo que de allí va a salir es la raza definitiva, la raza síntesis o raza integral, hecha con el genio y con la sangre de todos los pueblos y, por lo mismo, más capaz de verdadera fraternidad y de visión realmente universal.

José Vasconcelos (México): *La raza cósmica*
(Espasa-Calpe Mexicana, 1966)

2 no son propiamente tales latinos: no constituyen en realidad lo que llama la gente la raza latina. 4 sean cuales fueren: cualesquiera que sean. 9 idiosincrasia: carácter. 16 la moral confuciana: las enseñanzas del filósofo chino Confucio. 23 por lo mismo que: del mismo modo que. 49 avatar: encarnación y, por tanto, aparición. 53 Atlántida: *Atlantis.*

[67]

A poco de quedarse sola, la joven sintió dentro de sí una cosa extraña. Se le nublaron los ojos, y se le desprendía algo en su interior, como cuando vino al mundo Juan Evaristo; sólo que era sin dolor ninguno. No pudo apreciar bien aquel fenómeno, porque se quedó desvanecida. Al volver en sí advirtió que era ya día claro y oyó el piar de los pajarillos que tenían su cuartel general en los árboles de la Plaza Mayor y en las crines de bronce del caballo de Felipe III. Fue a coger a su hijo en brazos, y apenas podía con él. Le faltaban las fuerzas, ¡pero de qué manera! Y hasta la vista parecía amenguársele y pervertírsele, porque veía los objetos desfigurados y se equivocaba a cada momento, creyendo ver lo que no existía. Se asustó mucho y llamó, pero nadie vino en su auxilio. Después de llamar como unas tres veces, fue a llamar la cuarta, y . . . aquello sí era grave: no tenía voz, no le sonaba la voz; se le quedaba la intención de la palabra en la garganta sin poderla pronunciar. Dio algunos toques con los nudillos en el tabique, pero al fin su mano se quedó como si fuera de algodón; daba golpes con ella, y los golpes no sonaban. También podía ser que sonaran y ella no los oyera. Pero ¿cómo no los oía Segunda, que estaba también como carne muerta, resistiéndose a moverse. '¿Será que me estoy muriendo?' pensó la joven echando miradas a su interior a oscuras o fantásticamente iluminado. Todas sus ideas sufrieron trastornos más o menos febriles; las imágenes se disfrazaron cual si fuesen a las máscaras, tomando cara y apariencia de lo que no eran, y la única sensación dominante con alguna claridad en aquel desorden fue la de estar inmóvil y rígida, con los movimientos involuntarios suspendidos y los voluntarios desobedientes al deseo. A su parecer no respiraba; el oído y la vista daban de rato en rato alguna impresión fugaz de la vida exterior; pero estas impresiones eran como algo que pasaba, siempre de izquierda a derecha. Creyó ver a Segunda y oírla hablar con Encarnación; pero hablaban a la carrera, como seres endemoniados, pasando y perdiéndose en un término vago que caía hacia la mano derecha. El piar de pájaros también se precipitaba en aquel sombrío confín, y los chillidos con que Juan Evaristo pedía su biberón.

Benito Pérez Galdós (España): *Fortunata y Jacinta* (Espasa-Calpe Argentina, 1951)

3 Juan Evaristo: su hijo. 7 Plaza Mayor: la de Madrid. 10 hasta: aun. 14 como: más o menos. 16 la intención de la palabra: la intención de pronunciar las palabras. 21 Segunda: nombre de mujer. 24 a oscuras: en la oscuridad. 34 Encarnación: nombre de mujer. 35 a la carrera: desenfrenadamente. 36 en un término vago: a una distancia indefinida.

[68]

Los esfuerzos hacia una creciente automatización del vuelo siguen sucediéndose. Es la única manera para ir librando a la tripulación de una serie de tareas que pueden realizarse solas, dirigidas automáticamente por un equipo electrónico, a fin de no complicar más la labor de conducción de aviones que cada vez se presentan más grandes, más rápidos y exigentes de una mayor seguridad en su manejo.

Donde se están haciendo en la actualidad los mayores esfuerzos es en la automatización del aterrizaje; su objeto es realizar los aterrizajes en mal tiempo, con visibilidad reducida o nula, sin menoscabo de la seguridad requerida. Existe ya en la gran mayoría de aeropuertos importantes la instalación ILS (sistema de aterrizaje por instrumentos).

A la vez que se mejoran los equipos de tierra se ensayan algunos modelos de pilotos automáticos que, instalados en el avión, mantienen a éste, indiferentemente de las condiciones atmosféricas, sobre su ruta hasta tocar la pista. De esta manera ya no suspenderán vuelos debido al mal tiempo reinante en los aeropuertos.

Así se van venciendo gradualmente todos los obstáculos que limitan la capacidad humana para operar las aeronaves en todo tiempo. No se suspenderá ni retrasará ningún vuelo por motivo de las inclemencias del tiempo, como ha venido ocurriendo hasta ahora en épocas de invierno.

Para el caso del 'Concorde' y subsiguientes aeronaves supersónicas, aplicable en modelos actuales, se está desarrollando un 'director de vuelo' del tipo de los cerebros electrónicos. Este aparato dirigirá el despegue y primera etapa del vuelo, ya que en toda esta fase, de cómo se realice depende el resultado económico del vuelo. Hecha la programación en el equipo electrónico de acuerdo a cómo se haya planeado el vuelo, el equipo se encarga automáticamente del funcionamiento de los motores y de los controles del avión y lo lleva por la ruta prefijada de máxima economía de operación.

Unido a la automatización del vuelo va el sistema de orientación de la aeronave. De los sistemas más primitivos de ver el suelo de día y las estrellas de noche, si lo permiten las nubes, se pasa a los más modernos basados en la navegación por inercia, independientes de las señales de tierra, que con una doble suma de las fuerzas de aceleración producidas y calculadas dentro del avión a cada instante se determina la posición con referencia al punto de partida.

ABC (España), 8 – VI – 68

13 ILS: siglas inglesas de '*Instrument Landing System*'. 21 aeronaves: aviones.

[69]

Detrás de este exorbitante desarrollo agropecuario, detrás de estas considerables fuerzas económicas, está siempre quien las promueve y organiza, quien les da el impulso decisivo, en una palabra: el hombre de trabajo y empresa. ¿Cómo es este hombre en la Argentina? Primeramente, abierto a todos los azares afortunados o adversos que pueda entrañar un negocio o una explotación. El argentino es tan rico de realidades presentes como de esperanzas y futuros. Todo es posible en esta tierra, en un decir Jesús: la opulencia más desaforada y la penuria más angustiosa. Pero en la confianza de que los aires no han de soplarle en contra, el criollo se lanza a las empresas más arriesgadas. Y, por lo general, le ilumina la buena estrella.

No conozco pueblo donde el dinero – la 'plata', como dice el criollo – corra más liberal, más alegremente. Y uno se pregunta: ¿Qué seres misteriosos forman, pues, esas sumas crecidísimas del ahorro nacional, cuando aquí la gente parece no tener idea de lo que es guardar, para verse en posesión, mañana, de la clásica pacotilla? Como si no fueran bastantes todos los términos que en nuestra riquísima lengua sirven para denominar al tacaño, al cicatero, el argentino inventó otro, 'amarrete', con el que zahiere al sórdido y manicorto.

Gastar, vivir, disfrutar, sin tener el mañana clavado siempre en la sesera. La Patria es rica, ubérrima, generosa y puesto que el criollo se ve inmerso, parte alícuota de su tierra, concibe y obra como si todos sus actos estuvieran respaldados por aquella riqueza.

Blanco y negro (España), 21 – 11 – 70

11 aires: vientos. 15 criollo (Arg.): natural de la Argentina. 19 la clásica pacotilla: las posesiones a las que suele aspirar la gente. 25 sesera: la mente. 25 ubérrima: feraz. 26 alícuota: integrante.

[70]

Mi amigo B. era un solitario empedernido. No soportaba, más que a regañadientes, el contacto con los seres humanos, y un día, después de años de búsquedas y experiencias, logró conseguir un empleo ideal. Fue nombrado guardabosque en el Canadá. Su trabajo consistía en pasar los días en lo alto de una torre metálica y en contemplar el inmenso ondear de las copas frondosas y verdes. Si algún humo surgía en alguna parte, lo localizaba con precisión de navegante en el mapa y comunicaba los datos a la central, desde donde se elevaban en seguida uno o varios helicópteros que aparecían zumbando en la lejanía del horizonte, daban unas vueltas por encima del lugar desde donde subía el humo y lanzaban allí productos químicos que apagaban en un santiamén el brote incendiario. A veces pasaban semanas y meses, toda una temporada, sin que B. llamara a los helicópteros. Otras veces había llamas cada quince o veinte días. En sus ratos de contemplación, cuando el bosque no humeaba más que por la mañana, despidiendo vapores de humedad, B. jugaba al ajedrez con sus colegas, colocados, como él, en lo alto de otras torres metálicas, a veinte o treinta kilómetros de distancia. Jugaba por radio, claro está. Estaba muy feliz con su empleo, porque vivía en la más absoluta soledad y en las cartas que me escribía afirmaba incluso que su gran acierto, al aceptar aquel cargo, era, sobre todo, el haberse librado así de la 'penosa aventura del matrimonio'. Son sus palabras. Yo me lo imaginaba en su retiro, leyendo, dando paseos, cazando osos y cabras salvajes, jugando al ajedrez, ebrio de soledad y feliz como uno de los árboles que estaban a su cuidado. El hombre había dado en el clavo.

Semana (España), 15 – IV – 67

2 a regañadientes: de mala gana. 7 copa: parte superior de un árbal. 26 retiro: *retreat.*

[71]

Este artículo es una evocación – evocación romántica, y como tal desordenada – de una faceta de la egregia figura del autor de las rimas y las leyendas; del poeta que con unas cuantas estrofas logró ceñir los laureles de la inmortalidad, que apenas si brotaron en su vida, pero que, después de muerto, florecieron en su tumba y extendieron sus ramas por el universo mundo.

La gloria de Bécquer es la gloria de Sevilla, no sólo porque en esta ciudad se meció su cuna, sino por el amor que le tuvo. Bécquer fue un enamorado de Sevilla, la cual, como dijo un poeta, es una mujer hermosa, y para Bécquer, la mujer era la poesía, y la poesía era el amor. He aquí, pues, la sevillanía de Bécquer: Sevilla mujer, Sevilla madre, Sevilla amor.

Bécquer era un sevillano clásico, rendidamente enamorado de su ciudad, y el amor a su tierra, lejos de entibiarse con las largas ausencias y el conocimiento de las más insignes ciudades de España, crece y se exalta hasta el punto que cuando sueña con la gloria y con ceñir sus sienes con los laureles de la inmortalidad, piensa en la Sevilla de sus amores y aspira, como supremo galardón, a que la ciudad que lo vio nacer se enorgullezca con su nombre y lo coloque en el catálogo de los sevillanos ilustres. No quiere que la gloria sea sólo para él; quiere compartirla; mejor dicho, quiere la gloria para Sevilla. Él sólo aspira a que Sevilla, madre amorosa, le abra su seno para que eternamente reposen sus cenizas a las orillas del Betis, oyendo el rumor de las olas de perlas del famoso río, las armonías de las campanas de la Giralda, y que un verde sauce, reflejándose en el río, bese la tierra de su sepultura.

Bécquer, lejos de la ciudad amada, siente la nostalgia de

Sevilla, y a la luz misteriosa de su deseo la evoca con los más brillantes colores, con la mayor emoción que su fantasía y su corazón exaltados pueden fingírsela.

¡Ah! En las noches sin auroras en que el poeta se veía sumido, cuando tiene sed y bebe sus lágrimas, y cierra los ojos para no morir, y el mundo está triste y desierto para él, porque es pobre y huérfano, entonces viene a sus labios una palabra mágica, que como maravilloso conjuro mitiga los males de su alma: ¡Sevilla, madre Sevilla! Y un soplo de brisa del Guadalquivir, una onda de perfumes y cantares lejanos, besa su frente y acaricia su oído. 'Toda mi Andalucía – dice –, con sus días de oro y sus noches luminosas y transparentes, se levanta como una visión de fuego del fondo de su alma. Sevilla, con su Giralda de encajes, que copia temblando el Guadalquivir, y sus calles morunas y tortuosas y estrechas, en las que aún se cree escuchar el extraño crujido de los pasos del Rey Justiciero; Sevilla, con sus rejas y sus cantares, sus cancelas y sus rondadores, sus retablos y sus cuentos, sus pendencias y sus amoríos y sus músicas, sus noches tranquilas y sus siestas de fuego; sus alboradas color de rosa y sus crepúsculos azules; Sevilla, con todas sus tradiciones, que veinte centurias amontonaron sobre su frente, con toda la pompa y la gala de su naturaleza meridional, con toda la poesía que la imaginación presta a un recuerdo querido, apareció, como por encanto, a mis ojos, y penetré en su recinto, y crucé sus calles, y respiré su atmósfera y oí los cantos que entonan a media voz las muchachas que cosen tras de las celosías, medio ocultas entre las hojas de las campanillas azules, y aspiré con voluptuosidad la fragancia de las madreselvas, que corren por un hilo de balcón a balcón, formando toldos de flores; y torné, en fin, a vivir en la ciudad donde nací', siempre para él madre amorosa.

Semana (España), 19 – x – 54

3 las rimas y las leyendas: *Rimas y leyendas* es el título de la obra más conocida del poeta Gustavo Adolfo Bécquer (1836–70). Véase también el texto número 54. 27 el Betis: el Guadalquivir, río de Sevilla. 28 la Giralda: torre de la Catedral de Sevilla. 34 fingírsela: imaginársela. 48 el Rey Justiciero: Don Pedro el Cruel. Según la tradición, una noche cuando hubo salido disfrazado por las calles, fue reconocido en una riña por el cruje bien conocido de sus rodillas. 49 rondadores: paseantes nocturnos. 50 retablo: *altarpiece, reredos.* 58 a media voz: en voz baja.

[72]

Si la animación del público fue extraordinaria, la interior del recinto de la organización, zona de 'boxes' y 'paddocs', ha superado todo cuanto en España conocíamos de anteriores años: casi 600 periodistas extranjeros, verdaderas exhibiciones de neumáticos en los apartados de Firestone, Good Year, Michelin, etc; tiendas de campaña para equipos de aditivos, gasolinas, aceites; tres oficinas de Prensa, aparte de la del circuito; bares al aire libre aprovechando la bondad del tiempo en el Jarama; miles de personas de todos los países que, desde las diez de la mañana, asentaron sus reales en las 'pelouses' y tribunas, en espera de las cuatro de la tarde, hora en que debiera empezar el acontecimiento . . ., algo realmente inaudito, pero que demuestra que el automovilismo deportivo arrastra masas en todo el mundo. Televisión para eurovisión y mundovisión, tres emisoras de radio y la propia megafonía de las instalaciones madrileñas completaban el ambiente extraordinario, que ya se equipara al de los más sonados circuitos extranjeros . . .

En la clasificación parcial de las primeras 23 vueltas el orden era: Stewart, Beltoise, Brabham, Pescarolo, Surtees, Hill y así hasta diez corredores, ya que también se habían retirado con los dos del accidente Hulme, Amon, Rodríguez y Rindt. No decae el ritmo de la carrera en absoluto y se siguen registrando abandonos ante el fortísimo tren impuesto desde el principio por el actual campeón del mundo; dos abandonos a las 45 vueltas, en segunda clasificación parcial, y ya desaparecen de carrera Beltoise y Pescarolo, los dos pilotos punteros de Matra. Sigue el escocés en cabeza, seguido de Brabham, Surtees, McLaren, Hill, Andretti, Servoz Gavin y Stommelen. Ha pasado la mitad de la carrera, programada a 90 vueltas, cuando se registra una reacción fortísima de Brabham, en busca del primer puesto, y de Andretti, para mejorar posiciones; el cariñosamente apodado 'viejo zorro' Jack Brabham, casi cuarenta y cinco años de edad, llega a colocarse a sólo un segundo de Stewart, ante la emoción del público, que aplaude el alarde del ex campeón mundial. Cuando ya todo el mundo piensa en un relevo en el mando de la carrera, el motor del australiano no puede resistir el esfuerzo hecho y se ve precisado a abandonar, con la decepción de los miles de aficionados para los que este corredor es un ídolo. Desaparece también el suizo Stommelen y, poco después de la vuelta 75, John Surtees rompe la caja de cambios de su McLaren y ha de retirarse. El resto de las mecánicas aguantan bien las últimas vueltas, pero ya sin inquietar al que sería ganador, muy distanciado por el esfuerzo hecho en la primera hora y media de carrera.

Blanco y negro (España), 25 – IV – 70

1 público: el que asistía al Gran Premio de España de 1970. 2 'boxes': *pits.* 9 Jarama: zona cerca de Madrid donde se encuentra el circuito. 10 asentaron sus reales: acamparon. 11 'pelouses' (francés): césped. 16 megafonía: *public address system.* 19 parcial: provisional. 19 vueltas: *laps.* 22 los dos del accidente: los pilotos Oliver e Ickx, que habían chocado en la primera vuelta.
24 tren: *pace.* 28 punteros: principales. 28 Matra: marca francesa de automóviles. 38 un relevo en el mando: un cambio de orden.

[73]

Lo cierto – y usted no lo creerá – es que soy un desgraciado. Mi mala suerte me persigue desde que nací y todo lo que emprendo me sale al revés de como yo lo he deseado. Pero no vaya usted a pensar que por eso bebo; me emborracho porque me gusta, y nada más. Si tengo algún talento, lo aplico en encontrar los medios para que la bebida me resulte de balde, y así obtengo un doble placer. ¡Cómo gocé durante aquellos días en que me bebí un barril entero de catalán en la tienda de los Flores, sin que ellos se dieran cuenta de mi maña! Le voy a contar a usted cómo lo hice, por si algún día quiere aprovecharse de mi truco:

En la tienda de los Flores los barriles del vino servían de respaldo a las sillas de los visitantes. En calidad de tal, llegaba yo todas las noches y tomaba asiento, muy en mi juicio, cerca de uno de los barriles. Después de un rato de charla me ponía en pie con grandes dificultades y hablando entre dientes.

– ¡Pero este Pito Pérez cómo se emborrachará! – comentaban, noche a noche, los dueños de la tienda. Llega en sus cabales y se va siempre en cuatro patas.

Y era verdad. A gatas tenía que atravesar las bocacalles para no perder el rumbo de mi casa, unas veces maullando como gato, y otras, ladrando como perro, de modo tan real, que los auténticos animales me seguían pretendiendo jugar conmigo. El secreto de mis borracheras era éste: Con un tirabuzón logré hacer un agujero en la tapa de uno de los barriles y por allí introduje una tripa de irrigador que, pasando por dentro de mi chaqueta, llevaba a mi boca el consuelo de tan sabroso líquido que, de tanto chupar, se liquidó también para siempre. Con un pegote de cera de campeche disimulaba la existencia del agujero. (Lástima que otros no puedan disimularse lo mismo.) El vicio del vino es terrible, amigo, y el borracho, por principio de cuentas, necesita perder el pudor. Cuesta trabajo perderlo, pero cuando uno lo pierde, qué descansado se queda, como dicen que dijo uno de los sinvergüenzas más famosos de México.

José Rubén Romero (México): *La vida inútil de Pito Pérez* (Editorial Porrúa, 1964)

8 catalán: un licor. 10 por si: por si acaso. 15 en mi juicio: *sober*. 18 ¡cómo se emborrachará!: ¿cómo logra emborracharse? 20 en sus cabales: *sober*. 27 una tripa de irrigador: una manguera. 30 se liquidó: se terminó. 30 pegote: *patch, plug*. 33 por principio de cuentas: para comenzar.

[74]

En la corrida más grande
que se vio en Ronda la vieja.
Cinco toros de azabache,
con divisa verde y negra.
Yo pensaba siempre en ti;
yo pensaba: si estuviera
conmigo mi triste amiga,
mi Marianita Pineda.
Las niñas venían gritando
sobre pintadas calesas,
con abanicos redondos
bordados de lentejuelas.
Y los jóvenes de Ronda
sobre jacas pintureras,
los anchos sombreros grises

calados hasta las cejas.
La plaza con el gentío
(calañés y altas peinetas)
giraba como un zodíaco
de risas blancas y negras.
Y cuando el gran Cayetano
cruzó la pajiza arena
con traje color manzana,
bordado de plata y seda,
destacándose gallardo
entre la gente de brega
frente a los toros zaínos
que España cría en su tierra,
parecía que la tarde
se ponía más morena.
¡Si hubieras visto con qué
gracia movía las piernas!
¡Qué gran equilibrio el suyo
con la capa y la muleta!
¡Mejor, ni Pedro Romero
toreando las estrellas!
Cinco toros mató; cinco,
con divisa verde y negra.
En la punta de su espada
cinco flores dejó abiertas,
y a cada instante rozaba
los hocicos de las fieras,
como una gran mariposa
de oro con alas bermejas.
La plaza, al par que la tarde,
vibraba fuerte, violenta,
y entre el olor de la sangre
iba el olor de la sierra.
Yo pensaba siempre en ti;
yo pensaba: si estuviera

conmigo mi triste amiga,
mi Marianita Pineda . . .

Federico García Lorca (España): *Mariana Pineda* (*Obras completas*, Aguilar, 1957)

2 Ronda: ciudad de Andalucía. 4 divisa: cintas que lleva el toro y que identifican la ganadería de origen. 6–7 si estuviera conmigo: *if only she were with me*. 8 Mariana Pineda: personaje histórico que bordó la bandera que había de usarse en una tentativa de sublevación preparada por los liberales españoles en el siglo XIX.
18 calañés: sombrero tradicional andaluz. 20 risas blancas y negras: se movían animadamente las mantillas blancas de las mujeres y los sombreros negros de los hombres. 21 Cayetano: torero célebre. 22 pajiza (Andalucía): de color de paja. 26 la gente de brega: los toreros. 35 ¡Mejor, ni Pedro Romero . . .!: ni siquiera el célebre Pedro Romero (torero del siglo XVIII) habría sido mejor. 41 rozaba: casi tocaba. 45 al par que: lo mismo que.

[75]

Una vez que hemos diferenciado la corrección gramatical y el estilo literario, y situados en una especie de atalaya vigilante, menos afanosos de criticar a los escritores que de velar por el bien común de nuestra lengua, sin ánimo de aleccionar a aquéllos, pero con la esperanza de recoger el asenso del lector sencillo – sencillo como nosotros –, diremos ahora que la deformación del idioma ha llegado en España a términos que no admiten, o no deberían admitir, condescendencias. La vulgarización superficial de la cultura, la difusión de los periódicos, la publicidad comercial, las invasiones de la técnica, la precipitación de la vida moderna, que obliga a hablar metafórica y elípticamente, la manía de filosofar, o de hacer crítica de arte o de literatura para un grupo especial – no especializado – y delirante . . . son las causas más visibles de este mal universal. Los franceses, tan pagados, y con razón, de su idioma, suelen periódicamente alarmarse y escandalizarse de la corrupción, y analizan sistemáticamente todas y cada una de esas causas. (Por ejemplo, René Georgin en *Pour un meilleur français.*) La libertad de los escritores, como la del pueblo, no puede ser absoluta en esta materia. Y porque lo es, porque los que hablan y los que escriben están persuadidos de que son libres de hablar y de escribir como buenamente quieren, la libertad idiomática se está deslizando rápidamente hacia el libertinaje. Nos parece, al propósito, digna de meditación la siguiente cita del famoso crítico literario francés André Thèrive: 'Si la gente de letras pone en libertad (como ahora se jacta de hacerlo) el lenguaje, el pensamiento y las convenciones, pronto nos quedaremos sin literatura. A la destrucción de ella tienden hoy las sectas literarias.' Porque, como dice Marcel Aymé, 'el escritor que modifica o desconoce el sentido de las palabras, el que, al amparo de un triunfo literario, introduce en el léxico una incertidumbre o una ambigüedad, no sólo se excede en sus derechos, sino que injuria y daña el instrumento que sirve para transmitir ideas y emociones.'

Blanco y negro (España), 11 – V – 57

4 el bien común: *the common good.* 4 sin ánimo: sin querer. 11 las invasiones de la técnica: las incursiones de la tecnología. 23 como buenamente quieren: de cualquier manera que quieran. 25 al propósito: *in this connection.* 32 al amparo de: amparado por.

[76]

Ha olvidado los hechos minúsculos, idénticos, que constituían su vida, esos días que siguieron al descubrimiento de que tampoco podía confiar en su madre, pero no ha olvidado el desánimo, la amargura, el rencor, el miedo que reinaban en su corazón y ocupaban sus noches. Lo peor era simular. Antes, aguardaba para levantarse que él hubiera salido. Pero una mañana alguien retiró las sábanas de su cama cuando aún dormía; sintió frío, la luz clara del amanecer lo obligó a abrir los ojos. Su corazón se detuvo: su padre estaba a su lado y tenía las pupilas incendiadas, igual que aquella noche. Oyó:

– ¿Qué edad tienes?

– Diez años – dijo.

– ¿Eres un hombre? Responde.

– Sí – balbuceó.

– Fuera de la cama, entonces – dijo la voz –. Sólo las mujeres se pasan el día echadas, porque son ociosas y tienen derecho a serlo, para eso son mujeres. Te han criado como a una mujerzuela. Pero yo te haré un hombre.

Ya estaba fuera de la cama, vistiéndose, pero la precipitación era fatal: equivocaba el zapato, se ponía la camisa al revés, la abotonaba mal, no encontraba el cinturón, sus manos temblaban y no podían anudar los cordones.

– Todos los días, cuando baje a tomar desayuno, quiero verte en la mesa, esperándome. Lavado y peinado. ¿Has oído?

Tomaba el desayuno con él y adoptaba actitudes diferentes, según el carácter de su padre. Si lo notaba sonriente, la frente lisa, los ojos sosegados, le hacía preguntas que pudieran halagarlo, lo escuchaba con profunda atención, asentía, abría mucho los ojos y le preguntaba si quería que le limpiara el auto. En cambio, si lo veía con el rostro grave y no contestaba a su saludo, permanecía en silencio y escuchaba sus amenazas con la cabeza baja, como arrepentido. A la hora del almuerzo, la tensión era menor, su madre servía de elemento de diversión. Sus padres conversaban entre ellos, podía pasar desapercibido. En las noches, el suplicio terminaba. Su padre volvía tarde. Él cenaba antes. Desde las siete comenzaba a rondar a su madre, le confesaba que lo consumía la fatiga, el sueño, el dolor de cabeza. Cenaba velozmente y corría a su cuarto. A veces, cuando estaba desnudándose sentía el frenazo del automóvil. Apagaba la luz y se metía en la cama. Una hora después, se levantaba en puntas de pie, terminaba de desnudarse, se ponía el pijama.

Algunas mañanas, salía a dar una vuelta. A las diez, la avenida Salaverry estaba solitaria, de cuando en cuando pasaba un ruidoso tranvía a medio llenar. Bajaba hasta la avenida Brasil y se detenía en la esquina. No cruzaba la ancha pista lustrosa, su madre se lo había prohibido. Contemplaba los automóviles que se perdían a lo lejos, en dirección al centro, y evocaba la Plaza Bolognesi, al final de la avenida, tal como la veía cuando sus padres lo llevaban a pasear: bulliciosa, un hervidero de coches y tranvías, una muchedumbre en las veredas, las capotas de los automóviles semejantes a espejos que absorbían los letreros luminosos, rayas y letras de colores vivísimos e incomprensibles. Lima le daba miedo, era muy grande, uno podía perderse y no encontrar nunca su casa, la gente que iba por la calle era desconocida. En Chiclayo salía a caminar solo; los transeúntes le acariciaban la cabeza, lo llamaban por su nombre y él les sonreía: los había visto muchas veces, en su casa, en la Plaza de Armas los días de retreta, en la misa del domingo, en la Playa de Eten.

Mario Vargas Llosa (Perú): *La ciudad y los perros* (Editorial Seix-Barral, 1966)

10 igual que: lo mismo que. 18 para eso son mujeres: *they're women and that's all they're good for*. 19 mujerzuela: mujer endeble y despreciable. 28 el carácter: el humor. 42 frenazo: ruido de los frenos. 48 a medio llenar: medio completo. 50 pista: calzada. 52 evocaba: recordaba. 54 bulliciosa: ruidosa. 55 veredas: aceras.

60 Chiclayo: ciudad y provincia del Perú. 64 Eten: puerto de la provincia de Chiclayo.

[77]

La densidad automovilística de Madrid actuando sobre el campo abonado del nervioso temperamento nacional – tan fácil a la exaltación y al estallido como remiso a la templanza y al sosiego – ha creado ya las reacciones, complejos y manías suficientes para que sea posible hablar sin hipérbole de una psicopatología de la circulación.

¿Quién no ha observado, por ejemplo, la extensión epidémica de ese 'complejo de izquierda', que impulsa, al parecer con fuerza irresistible, a todos los vehículos pesados y a todos los coches lentos a colocarse en aquella franja de la calle o de la carretera, precisamente la izquierda, destinada a la circulación de los más rápidos y veloces?

¿No existe también una especie de 'angustia de avance' por la cual basta la luz verde de paso para que los coches se precipiten a adelantar los metros precisos para taponar un cruce, aunque no puedan luego andar los necesarios para salvarlo?

¿Y qué decir de la 'reacción de superioridad' que se niega a respetar en las 'cebras' con luz intermitente la prioridad de paso de los peatones; o que anima a tantos a torcer a la derecha desde una posición de extrema izquierda, sin que les preocupe, ni poco ni mucho, el obstaculizar la marcha de los demás?

Estos casos graves y algunos más que nos dejamos en el depósito de la estilográfica no agotan, por desgracia, la curiosa lista de la psicopatología circulatoria. También cuentan en ella simples gestos nerviosos, involuntarias manifestaciones de desequilibrio, cuya levedad no evita que resulten particularmente molestas. ¿Ejemplo? El cada día más multiplicado 'tic del ámbar'.

Tres filas de coches están paradas ante la luz roja del semáforo. Se apaga la luz roja y se enciende la ambarina luz intermedia. Bien, pues para los tocados del 'tic del ámbar', para los que padecen la fiebre amarilla de los semáforos, ver encenderse esta luz y romper a tocar el claxon es todo uno. Saben de sobra que todavía no hay paso. Saben que sólo deben arrancar los primeros coches cuando luzca el disco verde. Saben que la luz intermedia es únicamente pausa y aviso del cambio de señales. Pero – ¡ay! – esta luz, de brillo inocente, es el resorte de su 'tic', el virus de su fiebre. Y no pueden contenerse. Su mano oprime el claxon. Y tocan impacientes; tocan desesperados; tocan histéricos.

Tocan como si creyesen que son ciegos o daltónicos, por lo menos, quienes les preceden. Tocan como si sus bocinas estuvieran dotadas del poder de trompetas bíblicas y fueran capaces, a puro golpe de agudo decibelio, de derribar, arrasar o disolver la muralla de los automóviles que tienen delante.

¿Qué elemento irritante, qué espuela de impaciencias se oculta para tantos conductores en la aparente innocuidad de la luz ambarina? Jamás hubiéramos sospechado que su claro color amarillento provocaría tan irreprimibles 'tics'.

La psicopatología de la circulación está llena de misterios. Y cosa es ya de ir pensando si no sería prudente incorporar un grupo de perspicaces psiquiatras a los equipos encargados de ordenar el tráfico. A lo mejor descubrían el remedio para el 'complejo de izquierda' o la 'angustia de avance'. A lo mejor alumbraban una luz nueva para la cura del 'tic del ámbar'.

La vanguardia española, 23 – x – 68

3 fácil: propenso. 3 remiso: poco dispuesto. 8 al parecer: aparentemente. 13 angustia: anhelo. 17 salvarlo: *to clear it*. 26 circulatoria:

de la circulación. 30 tic: *nervous twitch*. 32 ambarina: del color del ámbar. 35 el claxon: la bocina. 36 de sobra: perfectamente. 36 no hay paso: no se puede pasar. 43 daltónicos: *colour-blind*. 46 a puro golpe de agudo decibelio: nada más que por la fuerza de su sonido. 54 cosa es ya de ir pensando: ya es hora de pensar.

[78]

Allí también un coche provisto de un potente altavoz transmitía el programa de los Cincos Puntos. Al concluir sonaron los acordes de una Internacional cantada por un coro de mujeres y el automóvil desapareció de su campo visual al tiempo que el volumen de la música se reducía. Cerró la ventana otra vez y, sentado en un sillón destripado, intentó escribir una carta a Dolores. Acusaciones y reproches cobraban forma de modo automático bajo su pluma y, al llegar al pie de la hoja, la releyó furioso consigo mismo y la hizo pedazos. Poco después le sobresaltó el timbre y se levantó a abrir. Era Sara.

– ¿He venido demasiado pronto?

Adelantó ıacia él su rostro perfecto y Álvaro sintió que el corazón le latía más rápido. Llevaba el uniforme de miliciana: pantalones verdes, camisa azul de manga corta, botas y un gorro ladeado con cierta coquetería. Luego de besarle en la comisura de los labios giró sobre sus tacones para que la admirase.

– ¿Qué te luce?

– Jamás he visto a un soldado tan atractivo como tú.

– ¿Verdad que no? – dijo ella –. Estaba segura de que mi uniforme te seduciría. Además, en el caso de que mis encantos no basten para conquistarte, te advierto desde ahora que mi pistola tiene un cargador de seis tiros.

– Eres un verdadero ángel.

– En amor todo está permitido. Esta mañana he llamado

a mis amigas y les he dicho que nos queremos. Así ya no te puedes echar atrás.

– ¿No has publicado ninguna nota en los periódicos?

– No; pero si es preciso lo haré. ¿Vamos a almorzar juntos?

– Como tú quieras.

Había un taxi libre en la plaza. Al sentarse Sara se apretujó contra él y le mordió el lóbulo de la oreja. Bajaban por Prado tras una caravana de camiones del Ejército y, al desbocar frente al castillito, ella examinó los cañones de la defensa antiaérea, adornados con gallardetes de colores.

– Los cubanos somos geniales. En cualquier otro país procurarían disimular las piezas de artillería. Nosotros no. Las ponemos al descubierto y, para que quede bien claro que no tememos al enemigo, les plantamos una banderita en la punta, ¿te das cuenta?

– Sí.

– Cuando pienso que te vas el martes, justo en el momento en que empiezas a interesarte por mí, me dan ganas de denunciarte al G–2 para que te detengan por imbécil.

– No hace falta que me denuncies. No me voy.

– ¿Lo dices en serio?

– Absolutamente en serio. Esta mañana anulé mi reserva desde el hotel.

Sara le miraba como si no diera crédito a lo que oía. Inesperadamente, sus hermosos ojos azules se aguaron.

– Ya sabes que me río siempre de mí misma y hago las cosas de tal modo que la gente cree que me enamoro en broma pero, te lo juro, Álvaro, no quisiera que te fueses de Cuba sin que hubiera antes algo entre nosotros, muy pequeño y muy corto si tú quieres, pero algo.

– Te he dicho que no me voy, Sara. Por lo menos mientras dure el bloqueo. Lo decidí ayer al acostarme. Lo contrario hubiese sido absurdo.

– ¿Pensaste en mí?

– En ti, en mí, en Cuba, en todo. Por otra parte aún no he terminado mi colección de rejas. Si no entrego el álbum de una vez creo que voy a volverme loco.

– Yo también voy a volverme loca – suspiró ella –. Loca por ti.

Se acomodaron en la terraza de El Templete, de cara al puerto. El camarero dijo que sólo había sopa de pescado y pargos fritos. Mientras les ponía los cubiertos preguntó qué iban a beber.

– ¿Hay vino?

– No.

– ¿Cerveza?

– Se acabó también.

– Tráigame un cuba-libre.

– ¿Y la señora? ¿qué toma?

– Un agua mineral sin gas.

Sara se había quitado la gorra de miliciana y se observó unos segundos en el espejo. Su rostro resplandecía de alegría.

– ¿Has visto? – dijo señalando al camarero –. Cree que estamos casados.

– Lo parecemos, sin duda.

– ¿Por qué lo dices?

– Cuando ves un paisaje quieres fotografiarlo. Cuando te paseas por un jardín escribes nuestros nombres enlazados en los troncos de los árboles . . . ¿No te es posible querer las cosas sin adueñarte en seguida de ellas?

En el barquito se reconciliaron. Viajaban a popa, contemplando los muros grises y corroídos del castillo y, al verle con la Leica colgada del hombro, unos rapazuelos le preguntaron si era ruso.

– No – dijo.

– ¿Checo?

– Tampoco.

– ¿Alemán?

– Adivínenlo.

– ¿ Búlgaro?

– Es un gallego, pero le quiero – intervino Sara. Se había encarado con él y le pasó los brazos en torno del cuello –: Lo que dijiste antes fue para que me enfadara, ¿verdad?

– Sí – repuso (era mentira).

– Soy una tonta – dijo ella –. Perdóname.

– ¿Lo sapato que yeva son cubano? – insistió el niño.

– Los traje de Europa.

– ¿Europa dónde é? ¿Loj Etao Unío?

Juan Goytisolo (España): *Señas de identidad*
(Editorial Joaquín Mortiz, 1966)

2 el programa de los Cinco Puntos: programa de objetivos ideado por Fidel Castro en 1962. 3 la Internacional: himno socialista. 5 al tiempo que: al mismo tiempo que. 10 timbre: *doorbell.* 19 ¿Qué te luce?: ¿Qué te parece? 24 cargador: las recámaras de la pistola. 27 ya no te puedes echar atrás: *you can't back out now.* 33 se apretujó: se apretó. 34 lóbulo: *lobe.* 35 caravana: fila de vehículos. 36 castillito: castillo colonial de La Habana. 46 G–2: cuerpo de policía de seguridad. 48 en serio: *seriously.* 59 el bloqueo: el bloqueo internacional impuesto a Cuba en 1962. 63 mi colección de rejas: el protagonista es fotógrafo de profesión. 69 pargos: también 'pagros', tipo de pescado. 75 cuba-libre: mezcla de coca cola con ron. 99 gallego: en algunos países latinoamericanos, 'gallego' se dice de cualquier español. 99 se había encarado con él: *she had turned to face him.* 104 ¿Lo sapato que yeva son cubano? (pronunciación cubana): ¿Los zapatos que lleva son cubanos?
106 é: es. 106 ¿Loj Estao Unío?: ¿Los Estados Unidos?

[79]

Uno de los grandes peligros que en la actualidad amenazan al escritor es el de quedar marginado frente al formidable proceso expansivo que día a día registran los medios de difusión masivos. Y al decir escritor me refiero exactamente al intelectual elaborador de libros, ese hombre que observa y reflexiona sobre la existencia y las ideas, que bajo formas estéticas las refleja a través de sus características más tipificadoras. Es la suya, en principio, una investigación en profundidad en el fenémeno humano y cultural, una búsqueda de las raíces, a la par que una creación artística. Su importancia y su utilidad son obvias.

Sin embargo, cada vez más se hallan alejados de la prensa y de la televisión, los dos medios de información y opinión de mayor influencia pública. Queda, el escritor, aislado en un rincón, asomándose sólo a alguna revista poco menos que minoritaria, y teniendo como único vehículo de comunicación el libro que cada par o tres años irá publicando. Paralelamente, prensa y televisión se nutren casi exclusivamente de periodistas y comentaristas inmersos de un modo absoluto en la vorágine del diario y apresurado quehacer. El resumen es simple: el escritor se encoge, apartado.

El periodismo, por lo demás, no se beneficia con esta situación. La periodística es una profesión al servicio de la información, apasionante quehacer que requiere agilidad, claridad y entrega febril a la época en sus mil y una manifestaciones. El periodista no sólo no puede, sino que tampoco debe tener una visión panorámica e histórica del presente frenético y de sus relaciones con el pasado: le induciría a la disgregación, la cual, dentro del necesario dinamismo que exigen el periódico y la emisora, le abocaría al caos. Si una necesidad perentoria impone el mundo moderno, es el de la división especializada de tareas. Un periodista no es, o no debe ser, ni menos ni más que un escritor: son distintos, simplemente. Por ello, cuando sobre el periodista recae también la tarea pensadora y literaria de los medios de información, éstos empobrecen automáticamente en calidad y en ideología. Como incluso lindaría con el absurdo que el redactor de una noticia, el reportero, tuviera que ser un estilista del idioma o un filósofo.

La vanguardia española, 23 – III – 69

2 marginado: al margen. 3 medios de difusión: es decir, la televisión, la radio, la prensa, etc. 7 tipificadoras: esenciales. 31 perentoria: imperativa, ineludible. 37 incluso: también.

[80]

Llegó a su casa a la mañana siguiente y la mujer estuvo muy satisfecha de recibir los tres soles y el suegro comenzó a beber inmediatamente su botella de cañazo.

– ¿Saben? Me encontré con tres futres lo más raros. Hablaban bien del indio y después me llevaron a ver cuadros pa que sepa el sitio dónde me van a pintar. Y un cuadro es un hombre que reza y el otro un maguey . . . ¿Cómo lo diré? A ellos les dije algo, pero me he olvidado y. . . . Era ése un hombre tan hombre que lo sentía como yo mesmo. . . . Y el maguey, alzao pa arriba, mirando, como este mesmo maguey. . . . ¿No ven que mira este maguey?

– ¡Qué va a mirar! – dijo el suegro –, a ti se te ha subido el cañazo. ¿Y qué decían?

– ¡Tanta cosa! Yo casi no les entendía, pero oía 'el indio', 'justicia', 'el hombre' y sentía que se me alegraba el corazón. . . . Me parece güeno que unos futres consideren hombre al indio . . .

– Éste es medio loco – estimó el suegro.

Demetrio no le hizo caso y se dedicó a beber la parte de cañazo que le sobraba, mirando el maguey que se erguía frente a su casa. Medio borracho, de espaldas, sobre el suelo, decía: 'maguey, maguey' y no pasaba de allí.

– No ves, éste es loco: 'maguey, maguey' . . . – rióse el suegro.

Demetrio, aunque sus labios pudieran únicamente articular el nombre de la planta, decía con las palabras silenciosas de la emoción:

– Sólo tú conoces nuestra confianza y su sabor áspero . . . ¿qué sabemos los indios peruanos de las rosas? . . . tú, maguey, desde las lomas nos saludas y nos dices que bueno con tu penacho nimbado de sol y de luna . . . te levantas como un brazo implorante y en tu gesto reconocemos nuestro afán que no alcanza el cielo . . . afán angustioso de estirarse, estirarse y querer llegar mientras la vida sigue al pie, muda, y las estrellas se cierran como ojos tristes en la noche . . . el viento no puede cantar en tu cuerpo enteco y no sabe del trino ni del nido . . . tienes el corazón sin miel y triste, con la misma tristeza de nosotros los hombres del Perú . . . y así estás con nosotros, frente a nuestros bohíos, y en las cercas que guardan las siembras de esperanza y martirio . . . como el indio no sientes el peso del sol ni de la lluvia y estás desnudo ante la vida, hecho un esbelto silencio . . . hijo callado de la tierra, atisbas que la vida pasa en el viento, como las nubes, y se pierde tras los picachos y sigue . . . sin embargo, eres dulce, maguey; tus pencas se parecen a nuestras hembras indias, lisas, así sencillas, con un aire de nada, pero alegrando el pecho sin decir ni palabra . . . maguey peruano, regado por los campos como un centinela para dar aviso . . . vigilando los caminos, los largos caminos que hasta ahora son iguales a nuestra vida . . . un día te levantarás más alto, maguey . . . estamos esperando y esperando y esperando hasta sin causa . . . mientras tú te yergues junto a la angustia prendida al infinito de los caminos . . .

Musitando 'maguey, maguey', Demetrio rodó lentamente al sueño.

Ciro Alegría (Perú): *El mundo es ancho y ajeno* (Editorial Diana, 1964)

2 soles: moneda peruana. 3 cañazo: aguardiente de caña. 6 pa: para. 7 maguey: planta de pencas largas; *century plant*. 9 mesmo (pronunciación vulgar): mismo. 10 alzao: alzado. 12 se te ha subido: *has gone to your head*. 16 güeno: bueno. 22 no pasaba de allí: incapaz de hacer otra cosa. 33 afán: deseo. 44 picachos: picos.

[81]

Cada día es una caja de sorpresas. Que se lo digan, si no, a Mr A. N. Kennard, que es el ayudante del maestro de armaduras de la Torre de Londres. ¿Quién le iba a decir a este buen señor que existía una relación – por mínima que fuese – entre la Torre londinense y el programa americano de 'hombre al espacio'? ¿A quién se le podía ocurrir relacionar la operación 'Géminis' con Enrique VIII, el cismático Barba Azul de la dinastía Tudor? ¿Cómo imaginar un paralelismo, o una simple toma de contacto, entre el hoy y el mañana, representados por Cabo Kennedy, y el ayer de la Torre de Londres, construida en la aurora del medievo, allá en los viejos tiempos del hacha y del juglar?

Pero esa relación existe. Resulta que los técnicos de la astronáutica se enfrentan hoy con un problema delicado: el de los 'trajes' de los viajeros espaciales. El cosmonauta está como ensardinado en su gran neumático defensivo. El problema obvio es que necesita, imprescindiblemente, un mínimo de alivio y de libertad de movimientos que le permitan manejar con soltura los cien y un instrumentos de la cápsula espacial. Los viajes en órbita realizados hasta ahora han requerido solamente una intervención 'casi pasiva' por parte de los astronautas; pero se acerca el momento – conforme se van quemando las diversas etapas de los proyectos espaciales – en que cada 'aviador interestelar' deberá, real y verdaderamente, pilotar su propia nave.

Y ha surgido la pregunta: enfundado en su traje neumático espacial, ¿dispondrá el cosmonauta de una autonomía de movimientos que le permitan manejar el navío y conducirlo a buena estrella?

Los yanquis se han enfrentado a esta pregunta y, después de mucho pensarlo, han retrocedido cuatrocientos años en sus investigaciones para buscar la respuesta . . . , pidiendo a la Torre de Londres su colaboración. ¿Que por qué? Pues porque se piensa que el gran problema del traje espacial podría solucionarse por el mismo método con que se solucionó, hace varios siglos, el problema de las armaduras. El punto de arranque es, en esencia, idéntico: un traje (de caballero Tudor o de cosmonauta) 'dentro' del cual el hombre está como embutido a presión; pero que, al mismo tiempo, debe conceder a su 'ocupante' un mínimo de libertad de movimiento y de comodidad. Las junturas metálicas articuladas de algunas armaduras pueden ser, en cierta medida, la respuesta al proyectado 'traje ideal de viajero del espacio'.

La torre de Londres, en la persona de Mr Kennard, está cooperando con Cabo Kennedy, estudiando detenidamente los detalles y singularidades de una armadura famosa: la que se realizó en 1515 para que Enrique VIII, sibarita y luchador, pudiese combatir a pie en los torneos. Es, al parecer, el 'no va más' del viejo y noble arte del sastre-armero. Y he aquí por dónde la Torre histórica y siniestra va a ocupar un puesto – siquiera indirecto y acaso meramente anecdótico – en la gran crónica de la conquista espacial, en esta era en la que 'el futuro ha comenzado'.

Si la vida no es una caja de sorpresas, si ésta de hoy no es, estrictamente, una 'noticia', que venga el sabio Salomón y lo vea.

Blanco y negro (España), 13 – 1 – 68

9 toma de contacto: *connection*. 16 ensardinado: encerrado como una sardina enlatada. 23 quemando: atravesando rápidamente.

29 a buena estrella: con seguridad a su objetivo. 33 ¿Que por qué?: se sobrentiende, ¿Vd. pregunta por qué? 48 sibarita: persona muy dada a los placeres; *Sybarite*. 50 el 'no va más': el logro insuperable. 56 Salomón: *Solomon*.

[82]

Las posiciones para la final eran las siguientes:

Coles, con 215; Manuel Cabrera, Jaime Benito, con 216, seguidos por Germán Garrido y Sebastián Miguel, con 217.

Ésta se presentaba emocionantísima. La galería creía que Coles se alzaría con el triunfo, siempre que su juego no se hubiese afectado, pues en la penúltima vuelta y sobre todo a partir del hoyo 12, empezó a jugar erráticamente. Esta vez, el partido elegido fue el formado por N. Coles, Benito y Cabrera, siendo éste el más bisoño, quien nos deleitó con magníficos golpes y, sobre todo, con un 'putt' certero y decisivo. En los nueve primeros hoyos hizo dos bajo par, adelantando ya a N. Coles y a Benito, consiguió otro 'birdie' en el 11 y en el 15 un 'eagle' con un 'putt' de 12 metros que parecía sentenciar definitivamente su victoria, pues aventajaba en cuatro golpes a N. Coles, pero en el largo y difícil 16, después de mandar su 'drive' al 'ruff', se anotaba un 5 por 4 de N. Coles. El corto 17 fue decisivo; N. Coles jugó primero y con un magnífico tiro colocó su bola en 'green' a ocho metros, mientras 'El Buho', víctima de los nervios, con un mal golpe se quedaba muy corto, jugó su 'approach' muy mal, pasándose del 'green', volvió a jugar dejando su bola a cuatro metros y aquí precisamente fue donde el inglés perdió su ultima 'chance', ya que su 'putt', falto de decisión, se quedó corto un metro. ¿Si hubiera metido . . .? ¡No sé qué hubiera pasado! ¡Manolo respiró y cómo! Consiguiendo con gran clase introducir su 'putt' para hacer un cuatro; Coles hacía tres y jugaban el 18 y último hoyo con dos puntos de retraso sobre 'El Buho', quien, con mucha cabeza, salió con hierro para no arriesgar el estrecho 'fairway', colocando su segundo golpe muy bien en 'green' y con dos holgados 'putts' alzarse con su primera y gran victoria.

Blanco y negro (España), 25 – IV – 70

1 final: la del tercer Campeonato Abierto de Golf de Madrid. 4 La galería: el público. 5 se alzaría: *would carry off*. 6 vuelta: *round*. 8 el partido elegido: es decir, elegido por el público como de mayor interés. 19 'El Buho': apodo de Manuel Cabrera. 24 ¿Si hubiera metido . . ?: Si hubiera metido la bola en el hoyo. 28 de retraso: *down*. 29 hierro: palo de hierro. 31 holgados: *leisurely, easy*.

[83]

Lo he dicho ya alguna vez, pero no será mala cosa volver a repetirlo. Y es que con esto de la carrera espacial, del paseo lunar, de los trasplantes de corazón, de las investigaciones en torno a la antimateria y de los mil y dos avances tecnocientíficos a los que estamos asistiendo desde hace unos años, se ha ido filtrando por ahí, caóticamente, la idea de que el misterio ha muerto, la idea de que la ciencia ha matado al espíritu.

Ocurre, a decir verdad, todo lo contrario. Porque cuando se profundiza en la identidad de nuestros últimos descubrimientos, cuanto más se avanza y se ahonda en ellos, más y mejor se observa que al final de todos los caminos científicos hay siempre un algo de inapresable, una llave sin cerradura, un *más allá*.

Con razón apuntó Einstein, repetidas veces, que 'la

emoción más hermosa que podemos experimentar es la emoción de lo místico, la sensación del misterio'. Y añadía: 'Es la semilla de toda ciencia verdadera', y su comentarista Lincoln Barnett, en *The Universe and Dr Einstein*, remacha el clavo y asegura, con palabras terminantes, que: 'En la evolución del pensamiento científico, un hecho se ha puesto notablemente en claro: *no existe misterio alguno en el mundo físico que no apunte hacia otro misterio más lejano*'.

Dicho de otro modo: la realidad es que la ciencia se está haciendo cada vez más *religiosa*, acercándose más y más cada vez al espíritu. Y es que en la célula y el universo vivo, en el átomo y la galaxia, en la semilla y el árbol, en la gota de agua y el océano, en el espermatozoide y la humanidad, en todo ha puesto Dios la identidad de su huella digital.

Algunas personas, superficialmente barnizadas con la capa de una presunta sabiduría, afirman torpemente – basándose en limitadas y parciales observaciones científicas – que la Creación es obra del azar, que todo es materia, que en el mundo del siglo XX ya no hay sitio para el espíritu. Pero los científicos van más allá de la epidermis, mucho más allá de la apariencia, y saben mejor que nadie que la materia no es algo macizo, inmóvil e inalterable, sino la concentración de energía (viva y susceptible de alteración) en un espacio, en un tiempo, en una forma y en unas condiciones determinadas. *Puestos a llevar las consecuencias a un punto-límite, con toda verdad pudiéramos decir que no es el espíritu, sino la materia, lo que no existe . . .*

Alegrémonos de los avances tecnocientíficos, de nuestras conquistas, de nuestra mayor sabiduría. Y ayudemos con todas nuestras fuerzas, con nuestro respeto y nuestro estímulo, a cuantos trabajan esforzadamente tratando de desvelar los enigmas de nuestro cosmos, de nuestra biología y del *adónde vamos y de dónde venimos*. Pero no seamos como aquel chico listo que, de tanto ver crecer la hierba, olvidó que la hierba es verde. No caigamos, en fin, en el trágico error de medir con el metro de la pequeñez materialista cuantos nuevos descubrimientos científicos surgen aquí y allá.

Porque ni el hombre puede suplantar a Dios, ni el programa ha eliminado al misterio, ni la ciencia ha crucificado al espíritu. Detras de todo descubrimiento científico siempre hay un *más allá*.

Blanco y negro (España), 28 – 11 – 70

13 inapresable: que no se puede captar. 31 presunta: imaginada. 46 desvelar: descubrir.

[84]

En la ciudad a donde he llegado suelo levantarme temprano y leer y trabajar un rato. La vida callejera comienza a las nueve. Antes apenas circula gente y a las siete he contado media docena de personas en la amplia avenida. Yo tengo al pie de mi balcón un quiosco de Prensa y observo la llegada de los paquetes de periódicos. He avisado que tan pronto llegue el diario local me lo suban a la habitación. Yo veo como el muchacho con el papel en la mano cruza la calzada y en seguida repiquea con los nudillos en la puerta.

– ¡Buenos días, señor! Aquí tiene su periódico. No sé para qué lee usted esto. Los de aquí dicen que no trae nada . . .

Es una creencia general que los periódicos provincianos no 'traen' nada. ¿Qué es no 'traer' nada? Los periódicos de los pueblos no insertan grandes noticias internacionales ni cultivan el sensacionalismo, pero prodigan breves noticias de la vida ciudadana. ¿Qué 'trae' hoy el modesto diario de la ciudad? Sencillamente, unos telegramas de la guerra en el Vietnam, una aburrida crónica de las Cortes, una copiosa retahila de sucesos y bastantes informaciones locales y comarcales.

¿Cuáles son las informaciones locales? Repasemos las informaciones locales. Por ejemplo, el boletín del Observatorio del Instituto de Enseñanza Media nos ilustra sobre el estado del tiempo. Hojeando sus páginas sabemos qué farmacias están de turno, los teléfonos de la policía, los bomberos, las casas de socorro y otros servicios, la cartelera cinematográfica con sus apéndices de aptitud o no aptitud para los menores de catorce y dieciocho años, el santoral, la crónica del partido de fútbol jugado ayer, el artículo literario en torno a una reciente publicación de índ le localista y nos ilustra del estado de la pavimentación de algunas calles. ¿Me interesan a mí, forastero, estos temas tan particularistas?

A mí me interesa todo. Yo leo y me deleito con el diario provincial. ¿Calibramos nosotros, habitantes de las grandes urbes, la importancia de los humildes papeles pueblerinos? España, por encima de la unificación, vive con pasión la vida local y la vida comarcal. La capital de la comarca es casi el centro del mundo. España no ha superado el localismo y tal vez en eso resida la fuerza que la dispara hacia el futuro.

La vanguardia española, 9 – V – 67

9 repiquea: llama. 13 provincianos: de las provincias. 20 retahila: *string*. 24 Instituto de Enseñanza Media: *High school*. 26 están de turno: están abiertos. 27 casa de socorro: centros médicos donde se prestan los primeros auxilios. 28 aptitud o no aptitud: en España las películas se casifican como 'Aptas para mayores de 18 años' etc. 29 el santoral: nombres de los santos cuyos días se festejan durante la semana. 31 en torno a: acerca de. 31 de índole localista: relacionada con la comarca. 33 forastero: teniendo en cuenta que soy de otra parte de España. 34 particularistas: de un interés limitado exclusivamente a la región. 37 pueblerino: de los pueblos. 41 dispara: lanza.

[85]

Para distinguir los libros, hace tiempo que tengo en uso una clasificación que responde a las emociones que me causan. Los divido en libros que leo sentado y libros que leo de pie. Los primeros pueden ser amenos, instructivos, bellos, ilustres, o simplemente necios y aburridos; pero, en todo caso, incapaces de arrancarnos de la actitud normal. En cambio los hay que, apenas comenzados, nos hacen levantar, como si de tierra sacasen una fuerza que nos empuja los talones y nos obliga a esforzarnos como para subir. En éstos no leemos: declamamos, alzamos el ademán y la figura, sufrimos una verdadera transfiguración. Ejemplos de este género son: la tragedia griega, Platón, la filosofía indostánica, los Evangelios, Dante, Espinosa, Kant, Schopenhauer, la música de Beethoven, y otros, si más modestos, no menos raros.

Al género apacible de lo que se lee sin sobresalto pertenecen todos los demás, innumerables, donde hallamos enseñanza, deleite, gracia, pero no el palpitar de conciencia que nos levanta como si sintiésemos revelado un nuevo aspecto de la creación; un nuevo aspecto que nos incita a movernos para llegar a contemplarlo entero.

Por lo demás, escribir libros es un triste consuelo de la no adaptación a la vida. Pensar es la más intensa y fecunda función de la vida; pero bajar del pensamiento a la tarea dudosa de escribirlo mengua el orgullo y denota insuficiencia espiritual, denota desconfianza de que la idea no viva si no se la apunta; vanidad de autor y un poco de fraternal solicitud de caminante que, para beneficio de futuros viajeros, marca en el árido camino los puntos donde se ha encontrado el agua ideal, indispensable para proseguir la ruta. Un libro, como un viaje, se comienza con inquietud y se termina con melancolía.

Si se pudiese ser hondo y optimista, nunca se escribirían libros. Hombres llenos de energías, libres y fértiles, no se dedicarían a remedar con letra muerta el valor inefable, el remoce perenne de una vida que absorbería y cumpliría sus ímpetus y todos sus anhelos. Un libro noble siempre es fruto de desilusión y signo de protesta. El poeta no cambia sus visiones por sus versos y el héroe prefiere vivir pasiones y heroísmos, más bien que cantarlos, por más que pudiera hacerlo en tupidas y bravas páginas. Escriben el que no puede obrar y el que no se satisface con la obra. Cada libro dice, expresamente o entre líneas: ¡nada es como debiera ser!

José Vasconcelos (México), en *El ensayo mexicano moderno* (Fondo de Cultura Económica, 1958)

12 indostánica: hindú. 13 Espinosa: en inglés se suele llamarle *Spinoza*. 22 Por lo demás: aparte de esto. 36 remoce: acción de remozarse. 40 por más que: *even though*.

[86]

Y ahora, delante, está México, muy próximo. Tan próximo que la azafata pasa las hojas para la policía y un gran papel amarillo, para un trámite también obligatorio: la 'Declaración de equipaje perteneciente a pasajeros que viajan por la vía con destino a la República Mexicana'.

Pedro, que en principio había echado una ojeada aburrida a la declaración, se enciende en su interés al leerla porque realmente, su equipaje podría ser impresionante, a la vista de lo autorizado.

La declaración vale la pena. Dice textualmente:

'El pasajero que se interne en México por cualquiera de los aeropuertos abiertos al tráfico internacional tendrá derecho a importar, sin el pago de los impuestos (franquicia de pasajero), los siguientes artículos para su uso personal:

Viajeros del sexo masculino

Dieciocho prendas de ropa interior, doce camisas, quince pares de calcetines, tres pijamas, seis pares de zapatos, un par de botas de montar, un par de zapatos de hule, un par de pantuflas para baño, un par de pantuflas para casa, una bata de baño, dos calzones o shorts para baño, una bata de casa, veinticuatro pañuelos, dos mascadas, seis corbatas, dos bufandas, tres suéteres, dos pares de tirantes, tres pares de guantes, dos cinturones, tres pantalones, dos sombreros, un paraguas, seis trajes, un traje de etiqueta y sus accesorios, una chamarra o saco sport, un abrigo, un impermeable, dos pares de mancuernas o gemelos finos y tres de bisutería, dos prendedores de corbata finos y dos de bisutería, dos anillos finos y tres de bisutería, dos relojes de uso personal.

Además de los artículos de uso personal especificados anteriormente, el viajero podrá importar libremente:

(*a*) Hasta doce artículos para tocador y aseo personal; (*b*) Hasta cuarenta cajetillas de cigarros y cincuenta puros, si el pasajero es adulto; (*c*) Hasta cincuenta libros. Pagarán el impuesto correspondiente los excedentes de esta cantidad que hubieren sido editados o impresos en España y en idioma español; (*d*) Los instrumentos científicos o de otra clase y los útiles o herramientas de los pasajeros que sean profesionales, obreros o artesanos; (*e*) Una cámara fotográfica y una cinematográfica portátil y seis rollos de película virgen para cada cámara; (*f*) Artículos para deportes, que sean de uso personal del pasajero; (*g*) Hasta tres juguetes para niños; (*h*) Los baúles, velices, petacas y demás envases en que se importe el equipaje; (*i*) Un binocular; (*j*) Medicinas de uso del pasajero.

Los artículos que antes se enumeran pueden ser nuevos o usados.

Regalos

El viajero también podrá traer a México, sin el pago de los impuestos correspondientes, hasta seis objetos para regalo, cuyo valor en conjunto no sobrepase la cantidad de $1.000.00 (moneda mexicana).'

Tras la lectura y la diversión de que un hombre pudiera llevar tantas cosas en su equipaje – quizá, en cambio, las mujeres se puedan pasar de la raya –, Pedro se queda tranquilo, aunque intrigado con algunos términos. ¿Qué serán *mascadas?* Al fin y al cabo, *chamarra* ya dice que es 'un saco sport', y, por tanto, será un abrigo. Y en cuanto a las 'mancuernas', expresa que son gemelos ... Bueno. Hay que irse acostumbrando al español que se hable aquí, del que ya le había advertido su amigo mexicano de París.

Carmelo Martínez (España): *Juan sin tierra* (Rivadeneyra, 1966)

21 mascada (Méx.): *neckerchief*. 22 tirantes: *braces*. 25 chamarra (Méx.): *windcheater*. 27 prendedores: *tiepins*. 32 cigarros: cigarrillos. 42 velices, petacas (Méx.): maletas. 51 $: indica pesos mexicanos. 57 abrigo: el protagonista se equivoca.

[87]

Para comprender las cosas de España hemos de tener en cuenta su lugar de emplazamiento en el planeta, y, además, han de considerarse los valores moldeadores que se desprenden de nuestra geografía. Bien es verdad que no podemos reducirlo todo en la vida a lo meramente geográfico, pues sería empequeñecerla en exceso, pero, al menos, los elementos geoclimáticos sí nos explican ciertos rasgos de la personalidad española y nuestro problema básico, al que nos referiremos después. Todos sabemos que nos hallamos entre dos continentes – Europa y Africa – (y, en cierto sentido, entre dos más; Asia y América, ya que la Península Ibérica sirvió de puente para que, fundidos en lo español, pasasen lejanos elementos étnicos y culturales de origen oriental – aportados en la Prehistoria y con la esplendorosa civilización árabe – a engrosar el acervo de la América hispana), pero no tenemos, generalmente, clara conciencia de los efectos conflictivos que para España ha tenido, por una parte, su situación, que la hace participar de geografías distintas, y, por otra, la heterogeneidad de los elementos étnicos y culturales que se han dado cita en nuestra Península, aportados por razas muy diversas. Por todo ello nunca existió en España el necesario grado de homogeneidad que requiere una comunidad para que sea posible un mínimo de acción en común. No existió ni en la mentalidad de sus hombres, tan distinta de unas regiones a otras, ni en sus necesidades, tan diversas de unas partes de España a otras, como diferentes y contrapuestas son sus tierras. De ahí que nuestra unidad sea tan quebradiza y que haya de ser considerada como el problema nacional número uno.

Aparte de la heterogeneidad derivada de nuestro emplazamiento, hay un algo, derivado también del emplazamiento, de sumo interés, ya que en ese algo radica el problema básico de España, en él está la clave interpretativa de España, lo que nos explica por qué el país no alcanzó en el pasado un grado mayor de desarrollo, el porqué no existió una mayor trabazón espiritual entre sus gentes, el porqué la discordia incesante se posesionó de su cuerpo maltratándole con el horror de las guerras civiles, el porqué, en una palabra, no conocimos en el pasado la bendición de la paz sino en cortos períodos. Tal algo es lo siguiente: en España, por obra de su Gea y de su Etnia, se dan cita las dos actitudes fundamentales y contrapuestas de la vida. Es decir: la trascendente y la inmanente, o, lo que es lo mismo, la tendencia terrenal, la que nos impulsa hacia las cosas; y la tendencia religiosa, la que nos inclina a desinteresarnos de ellas. En otras palabras: en España se dan cita – en sus hombres y en su geografía – la Europa verde, la de la razón científica, la del progreso; y el Asia reseca, la del impulso religioso, repleta de paralizante sabiduría de la vida. Europa y Asia están frente a frente en España en las personas, por las aportaciones europeas de los hombres del Paleolítico y de celtas, romanos y germanos, y por las asiáticas de las gentes del Neolítico y de los fenicios, cartagineses y árabes.

España semanal, 5 – I – 70

3 moldeadores: que han moldeado el carácter. 16 consciencia: comprensión. 20 se han dado cita: que se han encontrado. 36 trabazón: vínculo. 41 por obra de: por causa de. 41 Gea: tierra. 41 Etnia: las razas que la habitan. 43 inmanente: sentido de lo inmediato. 48 reseca: muy seca.

[88]

La división Austin Morris, de British Leyland, acaba de presentar una nueva versión de su berlina Wolseley 18/85, que fue presentada en marzo de 1967 como la más lujosa de las berlinas de motor transversal de 1.800 cc. En la nueva versión se ha puesto aún mayor énfasis en el acabado lujoso de la misma, muy en consonancia con el refinamiento y elegancia tradicionales en Wolseley.

Los nuevos asientos delanteros se ajustan ahora completamente a los ocupantes y se dispone de reposa-brazos individuales. Al mismo tiempo se ha aumentado la profundidad y comodidades del asiento trasero, que en el centro tiene un reposa-brazos que puede recogerse para acomodar a tres personas siempre que sea necesario.

Se ha modificado el tablero de instrumentos para mejor conveniencia del conductor, y todos los mandos del mismo son ahora del tipo oscilante, para mayor seguridad.

Las características mecánicas de la nueva versión son las siguientes:

Motor de cuatro cilindros en línea con una capacidad de 1.798 c.c. y relación de compresión de 9 a 1. El motor alcanza una potencia máxima de 86,5 caballos al freno, a 5.400 r.p.m., que permite al automóvil conseguir una velocidad máxima de 147 km./h.

El depósito de combustible tiene una capacidad de 47,7 litros.

La caja de cambios es de cuatro velocidades hacia adelante, todas ellas sincronizadas, y marcha atrás, y como equipo opcional puede elegirse la transmisión automática Borg Warner. El embrague es del tipo de diafragma.

La suspensión es del sistema hidrolástico, independiente.

Los frenos son de disco en las ruedas delanteras y de tambor en las posteriores.

La dirección es de piñón y cremallera, servo-asistida.

Entre los otros extras que pueden elegirse para este modelo figura el parabrisas de cristal laminado y luneta trasera calentada eléctricamente.

Velocidad (España), 23 – VIII – 69

2 berlina: *saloon, sedan.* 4 de motor transversal: *transverse-engined.* 15 mando . . . oscilante: *rocker switch.* 20 relación: *ratio.* 21 86,5: en español se emplea la coma para separar los enteros de las fracciones decimales. 21 caballos al freno: *brake horse-power.* 33 piñón y cremallera: *rack and pinion.*

[89]

Se oye a veces, en el teatro, en la lectura cuidada y aun en la conversación, una *v* labiodental como la del francés, italiano o inglés. Es también frecuente encontrar personas, sobre todo maestros, que dicen que hay que pronunciar labiodental la *v*, para distinguirla de la *b*. Y hasta hay quienes se precian de hacer esa distinción frente a un presunto descuido general. Nos encontramos ante un caso de fetichismo de la letra que conviene dilucidar.

Antes de entrar en la cuestión es preciso aclarar un hecho que puede inducir a error. Fácilmente logra un oído profano percibir una diferencia entre la *b* de *bien* o *también* y la *v* de *la vida, la vaca*. Pero la misma diferencia observará entre la *b* de *bien, también*, y la *b* de *cantaba, lobo, árbol*, etc. O entre las dos *v* de *vivir*. Es decir, no hay una diferencia entre la '*b* de *burro*' y 'la *v* de *vaca*', sino que la *b* y la *v*, iguales entre sí, se pronuncian de manera distinta según su posición y según los sonidos vecinos. Hay así en español dos clases de *b*, ambas bilabiales:

(1) Una *b* cerrada. Los labios se juntan e interrumpen por completo la salida del aire (por eso se llama 'oclusiva'). Al separarse los labios para dejar salir el aire sonoro, se oye la explosión de la *b*. Se pronuncia así la *b* inicial absoluta o la *b* después de nasal (porque la nasal es también cerrada): *bien, también, ven, vaya*, etc.

(2) Una *b* abierta. Los labios se juntan, pero sin cerrarse por completo, sin interrumpir enteramente la salida del aire sonoro, que pasa entre los dos labios produciendo un leve frotamiento o fricción (por eso se llama 'fricativa'). Se pronuncia en todos los otros casos: *el burro, trabajo, la vaca, yo vivo, había visto, estorbo, advertir*, etc.

Esas dos clases de *b* se diferencian fácilmente al oído, y

se pueden comprobar y analizar con los recursos de la fonética experimental. Claro que en actitudes especialmente enfáticas se puede pronunciar oclusiva la *b* intervocálica (también la *v*), y en instantes de relajación o descuido también fricativa la *b* inicial, y se necesita una sensibilidad afinada para notarlo. Los extranjeros tropiezan continuamente con esa diferencia, que es una de las piedras de toque de la buena pronunciación española . . .

El carácter recalcitrante del castellano a la pronunciación labiodental de la *v* se ilustra con una anécdota que se atribuye gratuitamente al Concilio de Trento. Polemizaban, con encono, teólogos alemanes y españoles. Los alemanes enrostraban a los españoles la confusión de *b* y *v* en la pronunciación del latín: 'Beati Hispanici quibus *vivere bibere* est'. Felices los españoles, para los cuales *vivir* es *beber*. Y los españoles, aludiendo a que los alemanes pronunciaban la *v* como *f*, replicaron: 'Beati Germani quibus *Deus verus, Deus ferus* est'. Felices los alemanes para los cuales el Dios verdadero es un Dios feroz.

Ángel Rosenblat (Venezuela): *Fetichismo de la letra* (Cuadernos del Instituto de Filología Andrés Bello, 1963)

2 labiodental: que se pronuncia con el labio inferior y los dientes superiores (a diferencia de la normal, que es bilabial, o sea que se pronuncia con los dos labios). 6 frente a: oponiéndose a. 6 presunto: imaginado. 8 fetichismo: respeto exagerado. 15 la 'b de burro' y 'la v de vaca': *b for 'burro' etc.*; fórmula que normalmente se emplea en la América Latina para distinguir en la ortografía entre las dos letras, ya que en estos países ambas se denominan 'be', aunque en España la v se denomina 'uve'. 28 fricativa: *ricative.* 34 intervocálica: que se encuentra entre dos vocales. 42 Concilio de Trento: *Council of Trent*; concilio eclesiástico que se celebró a mediados del siglo XVI. 42 Polemizaban: disputaban. 44 enrostraban: reprochaban.

[90]

Durante mucho tiempo la gente de Europa gustó de vestir a la manera española. Los españoles éramos entonces muy ricos, y a la gente siempre le ha gustado imitar a los ricos para darles coba. Pero cuando empezamos a quedarnos pobres, la gente nos encontró antipáticos, como suele pasar, y todo el mundo prefirió vestirse como los franceses. En el siglo XVII se inventa la Moda de París, cuyo principal mérito consiste en que nunca se acaba de inventar, lo que hace creer a la gente, crédula de por sí, que cada reforma, supone una mejora y que la última es ya la perfección.

Naturalmente, existían antes los sastres y las modistas; pero su labor se reducía a juntar y ponerles mangas a los trapos con que la gente decidía envolverse. Todo cambió el día en que los artistas de la aguja inventaron los escaparates, donde podían ponerse los precios, de modo que las mujeres podían comprarse los vestidos con la seguridad de que todas sus amigas sabían ya que eran carísimos. De aquí a juzgar que aquello era lo más elegante no había más que un paso. En lo sucesivo, todo el mundo se envolvió el cuerpo en los trapos de los especializados.

Lo más señalado de la moda femenina de este tiempo es la desaparición de las gorgueras y cuellos de encaje, para dejar descubierto el escote, cuya reaparición fue acogida con júbilo después de su largo ostracismo. La tela se añadió a la falda y los encajes se pegaron a las mangas para que los maridos no encontraran demasiada diferencia a la hora de pagar la nueva moda. Pero, en general, los vestidos femeninos no tenían nada de particular.

En cambio, los vestidos de los hombres de esta época son la apoteosis del encaje, la cinta y la rica chatarra, y cualquier joven de entonces dejaría hoy turulata a la más exquisita 'supervedette'. Los metros de encaje se podían contar por cientos, y por miles los lacitos; y en las guerras más encarnizadas se pactaban treguas para que los oficiales pudieran cambiarse los puños escarolados y morir después con los encajes puestos, como correspondía a caballeros. Las mujeres no hablaban de sus trapos, sino de los trapos de los hombres, mucho más sugerentes como temas de conversación.

Ya se comprende que la gente corriente vestía con mucha más sencillez, pero lo pasaba muy bien hablando mal de las clases altas, que es como la gente lo pasa mejor. La gente, que, como ya dijimos, empezaba a tener opinión por esta época, criticaba los encajes de los privilegiados con tanto ahinco que acabó cortándoles la cabeza siglo y medio más tarde. Y es que la gente siempre exagera mucho.

'Mingote' (España) en *Semana*, 7 - IX - 54

9 de por sí: por naturaleza. 19 En lo sucesivo: desde entonces. 22 las gorgueras: *ruffs*. 31 turulata: atónita. 32 'supervedette': *super star*. 33 lacitos: lazos. 35 escarolado: *frilled*. 36 con los encajes puestos: juego de palabras; se suele decir 'morir con las botas puestas'. 45 exagerar: *go too far*.

[91]

El pasado día 3 partieron en avión con destino a Rusia cinco maniquíes españoles, que presentarán ochenta y un modelos masculinos y femeninos, originales de El Corte Inglés, en el Festival Internacional de la Moda, que se celebra en el Palacio de los Deportes de Moscú.

El desfile de modelos de ayer lo dedicó El Corte Inglés en Moscú a Madrid. Fueron pasadas veintisiete creaciones, masculinas y femeninas. Veamos. 'Guitarra', conjunto de chaqueta, pantalón para señora, realizado en pana. Una noticia: la pana española es la mejor del mundo. Otro modelo: 'Granada', juvenil conjunto de chaqueta y falda para señora, confeccionado en pura lana. 'Salamanca', chaquetón tres cuartos para caballero, realizado en pana con apliques de ante. 'Don Juan', traje de vestir clásico para caballero; una fila y tres botones; realizado en poliéster-lana. 'Costa Brava', traje chaqueta para señorita, de mucho vestir. 'Dulcinea', vestido para señorita en 'tricot' de lana, fantasía a cuadros.

Hoy día 8 de septiembre lo dedica El Corte Inglés a Cataluña. Otros veintisiete modelos, entre ellos los titulados 'El Cordobés', traje para caballero, solapa corta, dos filas, realizado en poliéster-lana. 'Fandango', conjunto de chaquetón deportivo para señorita. 'Baleares', gracioso conjunto de chaquetón y falda pantalón para señorita. 'Cataluña', vestido fantasía en 'tricot' de lana, dibujos de listas, para señorita. '¡Olé!', capa española de fantasía para caballero en lana diagonal negra. 'Fiesta', vestido de ceremonia para señora. 'Pasodoble', vestido de fiesta para señora. 'Sierra Nevada', conjunto para señora de chaquetón para el deporte de nieve, realizado en algodón impermeabilizado.

Mañana será efectuada la exhibición de la moda española, dedicada a Andalucía. Otros veintisiete modelos, entre ellos 'Fantasía', conjunto sport de chaqueta y pantalón para señorita, realizado en pana. 'Jerez', abrigo clásico para señora realizado en lana, dibujo espiga. 'Arabesco', traje de chaqueta para señora, cuello de piel, en 'tweed' de lana. 'Ebro', chaquetón deportivo para caballero, modelo corto, con forro desmontable, de algodón ciento por ciento. 'Gardenia', vestido de calle para señora. 'Madrid', vestido de fiesta para señora.

La vanguardia española, 8 – IX – 67

3 El Corte Inglés: célebre almacén español. 14 apliques de ante: *suede panels*. 15 una fila: *single-breasted*. 16 traje chaqueta . . . de

mucho vestir: traje sastre muy elegante. 17 'Dulcinea': nombre de la amada de Don Quijote. 17 'tricot': *knitted.* 18 fantasía: *pattern.* 21 'El Cordobés': nombre de un torero famoso. 24 falda pantalón: *culotte.* 27 lana diagonal: *diagonal-weave wool.* 29 'Sierra Nevada': sierra de la provincia de Granada. 35 'Jerez': ciudad de la provincia de Cádiz, famosa por sus vinos. 36 dibujo espiga: *herring-bone-patterned.* 38 'Ebro': río de España. 39 desmontable: *detachable.*

[92]

Signo de Caín empiezan a llamar los genetistas a una singular modificación en los cromosomas de las células humanas que, tras de numerosas y muy autorizadas investigaciones, parece estar ligada al instinto de agresividad, a la tendencia a la violencia y el asesinato en determinados seres. El descubrimiento, como es natural, ha producido una honda conmoción no sólo en los centros de investigación médica y psiquiátrica, sino que, además, está siendo discutido por todos aquéllos que, dedicados a las ciencias humanas, pretenden establecer el grado de responsabilidad que estas aberraciones biológicas podían determinar en la conducta de ciertas personas, aparentemente dueñas de su propio albedrío.

No es preciso, sin embargo, llevar las cosas a los últimos extremos. Los médicos y los antropólogos sabemos que en el cuerpo humano hay muchas cosas – hormonas, productos metabólicos, estructuras nerviosas, alteraciones funcionales... – capaces, según su circunstancia y su mecanismo, de determinar en algún momento de crisis la conducta de una persona, pero también sabemos que el hombre tiene centros de autorregulación y control superiores, dependientes de lo más sublimado de su personalidad, que pueden imponerse a estas infraestructuras y a estos funcionalismos inconscientes para dirigirlos en orden a las necesidades de la propia dignificación y a la mejor convivencia con los demás.

Pero el descubrimiento del signo de Caín nos trae dos interesantes enseñanzas: una de ellas, la necesidad de incorporar a la antropología, en su aspecto identificativo de cada ser humano, el estudio de la fórmula cromosómica, y esto por una sencilla conveniencia de profilaxis: el hombre deberá, dentro de poco, ser advertido de su instintividad agresiva, para que tenga siempre a punto y alerta sus mecanismos superiores de control. Otra enseñanza es la transferencia de estas investigaciones a la sociología y al estudio de los pueblos y las civilizaciones. ¿No habrá un paralelismo entre el signo de Caín genético individual y algún otro signo genético de la violencia en determinadas sociedades y pueblos?

Pueblo (España), 14 - VII - 69

5 determinados: ciertos (véase abajo 'determinadas sociedades'). 21 autorregulación: control, dominio de sí mismo. 24 en orden a: según. 28 identificativo: que define la individualidad. 32 a punto: listos.

[93]

Mingo Revolorio, bajo de cuerpo, de pelo negro aplomado, cejijunto, tez bastante clara, representaba menos edad de la que tenía. Si reía parecía tocar un instrumento de banda, si callaba se borraba. Para hablar hacía siempre el gesto de arremangarse las mangas.

Varias veces hizo el movimiento de subirse las mangas de la chaqueta pero no dijo nada, apenas entre los dos labios apuntaba un número y otro número, contando las botellas de aguardiente que iban llenando el garrafón, una por una, mientras el compadre Goyo Yic, pagaba el valor del aguardiente y compraba la guía para poder circular por los caminos con libertad. Por todo pagó ochenta pesos.

– Compadre Mingo – corrió a decirle –, estuvo mejor la cosa, porque nos sobraron seis pesos. Cobraron sólo ochenta pesos, con guía y todo. Sobraron seis pesos.

– Bien, compadrito, muy bien, porque ansina no regresamos sin nada en la bolsa. Siempre es bueno llevar algunos pesos para el camino.

– Son seis pesos.

– Guárdeselos usté, compadre; después, al llegar haremos cuentas, que al cabo cuarenta y tres habíamos puesto cada uno, pero como sobraron esos seis pesos, sólo pusimos cuarenta, y de allí son tres de cada uno.

– Si quiere le doy sus tres.

– No, compadre Goyo, llévelo todo junto . . .

Mingo Revolorio metió el garrafón en una red y se lo echó a la espalda, para agarrar cuanto antes la retopada del camino . . .

– No me negará, compadre, que hace frío . . . – exclamó Goyo Yic, al pasar entre dos paredes de cerro, trepando, bajando, saltando, afinándose para caber en el camino, lo que llamaban Cerro Partido.

– Sí, compadre, hace frío; pero andando se quita.

Goyo Yic miró el garrafón a la espalda de su compadre, con la sed que el frío caliente del paludismo pone en las pupilas, y repitió:

– Mucho frío, compadre, mucho frío . . .

– Ándele que así secalienta y no se aflija por eso, que ya va a salir el sol.

– Vea, compadre Mingo, que tal vez nos caería bien un trago, que aunque nunca cae mal, ahora nos caería mejor, a mí por lo menos.

– Al estómago nos caería, compadre; pero no tenemos pa pagarlo y mejor sigamos. El pacto es pacto, no es juguete, dimos palabra de hombre que de este garrafón no daríamos a nadie, ni a nosotros mismos, una copa sin el correspondiente pago.

– Quiere decir que a usté también le apetece.

– Por supuesto, pero no se puede, porque, además de la palabra, compadre Goyo, debemos pensar que son nuestros intereses los que peligran si empezamos a tomar gratis. Trago usté y trago yo, nos acabamos el garrafón y llegamos sin nada a Santa Cruz. Lo que yo puse era todo mi capital, usté también puso todo su capital, si usté se chupa un trago sin pagármelo y yo hago lo mismo, nos quedamos en la calle.

El camino sombreado por árboles corpulentos, grandazos, de ramas que se extendían superpuestas como capas de sopa de tamal verde, entre pozas de agua nacida de las peñas espejeantes por el agua y las arenas a la salida del sol, aumentó en Goyo Yic, Tatacuatzín, la gana de beber aguardiente, sin duda porque aquella humedad rumorosa y aquel calorcito de nuca que traía el sol al salir, le recordaba a la María Tecún, cuando, después de bañarse en el río, regresaba al rancho. Mujer sufrida. Cerró los ojos para apartarse, momentáneamente aunque fuera, del mundo visible, y paladear su felicidad de ciego.

– ¡Compadre! – no se aguantó más –, ¡compadre Mingo, yo le compro el trago! – traía en la bolsa, por todo traer, los seis pesos que le quedaron al pagar el garrafón, las veinte botellas, y la guía.

– Si es pagado, no hay inconveniente.

– Y anticipado para que no desconfíe.

– No le permito, compadre, que me llame desconfiado con usté que es mi socio en este negocio. Lo que pasa es que gratis yo no podía darle el trago. Era pasar sobre el convenio.

Y así hablando se detuvo Revolorio, bien negras sus cejas juntas, pobladas, sobre su tez blanca, la voz como ahorcada, como engolada, debido a la carga.

Se detuvo, puso en firme el garrafón, echándose de espaldas sobre un bordo del camino, hasta que el garrafón tocó el bordo; lo soltó, ayudado por el compadre Goyo, que estaba que se le quemaba la mil por beberse el trago, y después de sacudirse las manos que también había apoyado a la peña, le vació a su compadre lo que hacía seis pesos de guaro, en un guacalito de fondo negro.

Goyo Yic, Tatacuatzín, pagó a su compadre Mingo los seis pesos y apuró el guacalito a grandes sorbos, paladeándose al final y dando su aprobación de catador, igual que un pájaro que abre y cierra el pico después de haber bebido agua. Luego, tomó el garrafón para echárselo a la espalda. El compadre Revolorio ya había cargado, y ahora le tocaba a él.

Pie tras pie, trepó Tatacuatzín media legua, jadeando un poco, tronando las arenas del camino bajo sus caites de hombre que a su peso aumentaba el de la preciosa carga. Muy atrás seguía Domingo Revolorio, como cansado. De pronto, apretó el paso para alcanzarlo, igual que si le apremiara una necesidad urgente.

– Compadre . . . – le dijo, con la mano en el pecho, no se le notaba lo pálido, porque era blanco –, me estoy alcanzando, ya no respiro . . .

– ¡Trago quería usté, compadre!

– ¡Me muero!

– ¡Un trago!

– Déme unos golpecitos en la espalda y déme el trago . . .

Goyo Yic, Tatacuatzín, le golpeó la espalda.

– Y el trago, compadre – reclamó Revolorio.

– ¿Tiene para pagarlo compadre?

– ¡Sí, compadre, los seis pesos!

Miguel Ángel Asturias (Guatemala):
Hombres de maíz (Losada, 1966)

1 aplomado: *lead-coloured.* 16 ansina (Guat.): así. 20 usté: usted. 27 para agarrar cuanto antes la retopada del camino: *to get on his*

way as soon as possible. 38 Ándele: *come on.* 43 pa: para. 55 en la calle: sin nada. 56 grandazos: muy grandes. 58 tamal: alimento centroamericano que se hace con maíz. 58 poza: charco. 60 Tatacuatzín: nombre indígena del protagonista. 66 ciego: antiguamente había sido ciego. 78 engolada: ronca. 82 se le quemaba la mil: *he was dying to.* 84 guaro: aguardiente de caña. 85 guacalito: vasija. 87 paladeándose: *smacking his lips.* 88 catador: *connoisseur.* 94 caites: sandalias hechas de cuero crudo. 100 me estoy alcanzando: estoy agotado.

[94]

Los Angeles (California, Estados Unidos) 19. El mejicano Vicente Saldívar ganó por puntos al español José Legrá en el combate disputado esta noche por ambos púgiles en el 'Forum' de esta capital. La pelea fue a la distancia de diez asaltos.

Primer asalto: Saldívar lanza algunos tímidos golpes a los que contesta Legrá con una buena derecha que llega claramente a la cara del mejicano. Saldívar retrocede.

Segundo asalto: Rápido cambio de golpes. Fuertes golpes con la derecha de Saldívar a Legrá, que éste contesta golpeando también con la misma mano.

Tercer asalto: Apenas iniciado, un fuerte 'jab' de derecha de Legrá al rostro de Saldívar deja sentado sobre la lona al mejicano. Se levanta y escucha en pie la cuenta de ocho. Contraataca Saldívar, descontrolado por la caída.

Legrá se emplea con rapidez. Un uno-dos llega nítido al rostro del mejicano.

Cuarto asalto: Saldívar castiga el estómago de Legrá con dos buenos derechazos. Legrá mete continuamente la derecha para mantener a su rival a distancia. Un ataque de Legrá hace que Saldívar lance los dos puños y el español dobla la rodilla. Al terminar, Saldívar se queja de un cabezazo de Legrá y comienza a sangrar por la ceja.

Quinto asalto: El árbitro amonesta a Legrá por sus cabezazos. Saldívar tiene el rostro ensangrentado. Lanza fuertes golpes de izquierda, pero Legrá los esquiva desplazándose rápidamente por el 'ring'.

Sexto asalto: Ataque en tromba del mejicano, que acorrala a Legrá contra las cuerdas, aunque éste siempre esquiva y sale sin daño.

Séptimo asalto: Cambio de golpes, sin ventaja aparente para ninguno.

Octavo asalto: Ataque furioso de Saldívar, que Legrá contiene bien. Derecha e izquierda del mejicano. Fuerte 'jab' de Legrá. Al final, Legrá pega de nuevo con la derecha.

Noveno asalto: Legrá finta y ataca. Rehuye la pelea en corto, donde Saldívar le busca desesperadamente. Fuerte izquierda del mejicano, a la que replica Legrá con la derecha.

Décimo y último asalto: Ataques de Saldívar, que Legrá esquiva. Ambos entran en 'clinch'. Al final el árbitro amonesta de nuevo a Legrá por bajar la cabeza.

Terminada la pelea, se da el triunfo a los puntos a Vicente Saldívar. Los dos jueces otorgaron al mejicano una ventaja de seis a dos y seis a cuatro, mientras que el veredicto del árbitro fue de siete a dos para Saldívar.

ABC (España), 20 – VII – 69

1 19: día del mes. 1 mejicano: palabra que en España suele escribirse a menudo con 'j'. 14 la cuenta de ocho: mínimo obligatorio en estas contiendas. 15 descontrolado: habiendo perdido el control. 23 cabezazo: golpe dado con la cabeza. 28 Ataque en tromba: *whirlwind attack*. 36 finta: hace fintas. 37 en corto: *at close quarters*.

[95]

Yo he hecho mi camino de Damasco.

Yo he creído antes en los poderosos y su disimulada corte de los milagros por una complacencia de mi ánimo en la comodidad. Era mi hora negra. Pero lo que prefiero ahora es la verdad solitaria, la ecuanimidad – ¡digamos! – de mi conciencia. La ecuanimidad de la conciencia no se consigue ya con paz, sino con una lucha de cada hora contra los que en todos los campos de la humana actividad son gobernadores de las tinieblas, los déspotas, los perseguidores sangrientos de las criaturas espirituales. Es decir, los que matan según la única ley de sus odios deliberados, de sus odios sistematizados.

Me decía:

Ahora, despojado de artificios, falsas ciencias, nociones, literatura, puedo caminar como un hombre en estado de perfecta simplicidad. No tengo nada, no soy nada, soy un órgano vacío que busca su nutrición. Pero me queda esta certeza: si hay algo que crea en el mundo como el genio es lo poderoso de una aspiración. Eso es tan fuerte que hasta podemos cambiar, con sólo desearlo insaciablemente, la fisonomía de un ser humano. Y en el terrible campo de un cuerpo monstruoso hallar lugares llenos de verdadera gracia. No he dejado en mí más que esto: una aspiración, una aspiración amarga, hambrienta y desesperadamente apasionada, una aspiración por la que cada día siento en mí carne de humanidad; porque esa aspiración es una fiebre de verdad. Y por la fiebre sabemos que estamos hechos de carnes mortales.

Pero todavía no me había despojado de bastantes cosas para llegar a la verdadera simplicidad. Todavía estaba erizado de defensas, todavía no estaba verdaderamente solo. Todavía guardaba cerca demasiadas complacencias toleradas. En aquel cuarto con las ventanas abiertas al centro de la ciudad y los dos sofás solitarios y el tapiz verde cubierto de libros nuevos, las muselinas al aire, el aire claro de las siestas adentro – todavía no estaba suficientemente solo, suficientemente atento al estallido universal del odio, el sufrimiento, las vindicaciones, los deseos, los resentimientos, los combates, las muertes. Todavía era demasiado mundano. Todavía venían a mi cuarto gentes que levantaban del suelo un libro abierto y deletreaban con un aire estúpido y la nariz en el aire este o aquel párrafo del *Ordo Amoris*, del *Paradise Regained* o del *Banquete* platónico y luego bostezaban e iban a asomarse a la plaza, a mi lado, desde lo alto de su irremediable estolidez. Todavía curaba mi soledad en interminables conversaciones oscuras. Todavía me toleraba inhibiciones y tristezas – ese lujo.

Todavía llevaba encima demasiado lujo. Todavía pertenecía demasiado al país visible. Todavía criticaba seriamente, a la salida, bajo la lujosa marquesina, tal o cual espectáculo teatral. Todavía estaba confabulado con tanta ficción social. Todavía no era bastante salvaje, bastante desnudo por dentro, bastante auténtico y fidedigno. Todavía era locuaz y artificial. Todavía sonreía cuando no debía sonreír, y mentía por sociabilidad, y conversaba por no dejar caer en una sobremesa el justo advenimiento de la pausa. Todavía, lo que es aun más grave, para las preguntas más profundas de mi fondo inalterable, de mi fondo puro, esto es, de mi fondo primariamente humano a la vez tierno y maligno, para las preguntas metafísicas: me proponía yo mismo las contestaciones menos difíciles, las soluciones más al alcance de la mano, las panaceas más triviales.

Todo mi trabajo de tantos años me parecía haber venido a desembocar en esta exasperación desesperada, en esta desautorización de mí mismo.

Eduardo Mallea (Argentina): *Historia de una pasión argentina* (Espasa-Calpe Argentina, 1951)

1 camino de Damasco: el autor se refiere a las aflicciones y la conversión de San Pablo. 3 corte de los milagros: albergue de truhanes y mendigos (antiguamente nombre de uno de los barrios de París). 34 tapiz: alfombra. 43 'Banquete': *known in English as the 'Symposium'*. 56 sobremesa: conversación en la mesa después de comer. 65 desautorización de mismo: *failure to be true to myself*.

[96]

En estos actos de interferencia, ha sido introducida recientemente una modalidad: la colocación de bombas en los aviones, por motivos políticos o de otra naturaleza. Tales hechos vandálicos no pueden ser reprobados sino con la máxima indignación, y es evidente que ciertas organizaciones, que han elegido el sabotaje como medio para alcanzar sus fines políticos, han comprendido que este género de actividades producen el efecto contrario del que esperaban, puesto que ha motivado la reacción condenatoria de la opinión mundial.

Antes de los atentados contra los aviones, tanto en tierra como en vuelo, algunos pilotos pensaban que las compañías aéreas no adoptarían medidas eficaces para evitar que los aviones fueran desviados de sus rutas, hasta tanto no sufrieran los efectos económicos, motivados por la oposición de los viajeros a los viajes aéreos. Estos pilotos apoyaron firmemente la huelga mundial de 24 horas propuesta por la IFALPA, para obligar a una acción internacional contra la piratería aérea. Este apoyo no fue unánime; muchos pilotos se opusieron porque dudaban de que la huelga produciría el efecto deseado, o porque equivaldría a la pérdida del salario de un día.

Debido a la opinión pública, hostil a los actos de piratería, las compañías aéreas han tenido que solicitar la acción de los gobiernos para evitar el terrorismo contra los aviones civiles de transporte.

El comité ejecutivo de la IATA, reunido en Ginebra el 9 de marzo de este año, pidió a los gobiernos que tomen las medidas necesarias 'para combatir la constante amenaza que pesa sobre la seguridad de los pasajeros y de los servicios aéreos regulares internacionales'. El Comité solicitó también la acción inmediata de los gobiernos, de las autoridades aeroportuarias, de las compañias aéreas y de la IATA para evitar la captura de los aviones y la colocación de bombas a bordo de ellos. Al mismo tiempo, recomendó la promulgación de leyes internacionales adecuadas para condenar los actos de piratería, y que la OACI establezca las normas internacionales de seguridad en los aeropuertos.

Con este fin, se instó a las autoridades aeroportuarias a adoptar e instalar equipos que garanticen la seguridad de los aviones, tales como cámaras de descompresión, detectores químicos, equipos de rayos X, etc., para evitar el embarque de cargas, equipajes o pasajeros sospechosos.

Las compañías aéreas fueron invitadas a intercambiar todas las informaciones de seguridad y normalizar las medidas para alcanzarla. Además, se les pidió que estableciesen un enlace eficaz con las agencias gubernamentales y las autoridades aeroportuarias, con objeto de definir claramente la conducta a seguir para la aplicación de las medidas de seguridad.

Interavia (Suiza–España), abril de 1970

2 modalidad: método. 9 motivado: provocado. 14 hasta tanto: mientras. 18 IFALPA: siglas inglesas de *International Federation of Air Line Pilots' Associations*. 27 IATA: siglas inglesas de *International Air Transport Association*. 37 OACI: Organización de la Aviación Civil Internacional. 45 normalizar: establecer normas.

[97]

Las marismas de Andalucía se extienden sobre mil quinientos kilómetros cuadrados de llanura, que alterna, según la estación, el agua verde, las charcas pantanosas, el barro y el légamo calcinado. Es una inmensa campa inhóspita partida por el Guadalquivir, ancho y manso, por sus barcos que suben a Sevilla o bajan al mar. Junto a la costa, a cuatro leguas al noroeste de la desembocadura del río, están las quince mil hectáreas del Coto de Doñana, que es un paraíso animal, hoy una de las principales reservas biológicas del planeta. Es ésta la última tierra virgen de Europa y permanece ahí, con el silencio y la belleza no modificados.

En efecto, el silencio agreste de estos parajes pertenece por entero al reino animal. Arriba, en mitad de las marismas, se ven pastizales de reses bravas, y por tierras de El Puntal los muros de contención de los arrozales ganados a la charca, las factorías, los secaderos y la jerigonza valenciano-andaluza del cante por livianas y de los problemas laborales. Abajo, el caserío blanco, el palmeral y el olor a marisco de Sanlúcar de Barrameda, de cuyo puerto, en septiembre de 1519, Magallanes y doscientos setenta y cuatro más partieron a darse una vuelta por el mundo. Al otro extremo, el convento de La Rábida, el de los frailes amigos de Colón; los huertos de Moguer, donde pació el pollino del poeta; tierras de Almonte y de la ermita del Roció con su cabalgata religioso-folklórica por Pentecostés. Y dentro de ese gran cielo de azul de mucho prestigio, las formidables bandadas de patos reales, de gansos, de fochas, de cigüeñas, de grullas, de somormujos, de flamencos, de cercetas, de garzas. También los grandes rapaces. Y bajo la campana, cruzada por más de cien especies de aves diferentes, en medio de una soledad salvaje: el palacio de Doñana, un caserón encalado, de rejas labradas y geranios a la usanza del Sur, con patio de jardín, palmeras y pozo viejo.

La actualidad española, 28 – VIII – 69

4 calcinado: desecado por el calor. 4 campa: tierra sin árboles. 8 quince mil hectáreas: una hectárea equivale a 10.000 metros cuadrados. 8 Coto: terreno acotado, sobre todo para la caza. Éste era, antiguamente, coto de caza de los duques de Medina-Sidonia. 14 pastizales: terrenos de pasto. 14 reses bravas: toros de lidia. 15 muros de contención: *dykes*. 15 arrozales: terrenos sembrados de arroz. 15 ganados a la charca: *reclaimed*. 16 secaderos: paraje que sirve para poner a secar las frutas. 16 jerigonza valenciano-andaluza: el modo de hablar de los habitantes, con pronunciación andaluza y elementos del vocabulario valenciano, que les sirve para cantar las 'livianas' (música popular de estilo flamenco) o discutir sobre salarios y condiciones de trabajo. 18 palmeral: bosque de palmeras. 23 el pollino del poeta: es decir el burro Platero del libro *Platero y yo* por Juan Ramón Jiménez. (Véase el texto número 40). 24 su cabalgata religioso-folklórica: el autor se refiere a la célebre Romería del Rocío, organizada en la Pascua de Pentecostés al santuario de la Virgen del Rocío en Almonte, en la provincia de Huelva. 26 patos reales: especie de pato grande (*mareca sibilatrix*). 27 fochas: *coots*. 28 somormujos: *grebes*. 28 cercetas: *widgeons*. 29 rapaces: *birds of prey*. 29 campana: la bóveda del cielo. 31 Doñana: nombre derivado de 'Doña Ana', una de las duquesas de Medina-Sidonia. 31 caserón: caserío grande. 32 rejas labradas: *wrought-iron window-grills*. 32 a la usanza: al estilo.

[98]

Este vertiginoso crecimiento de la industria ha precisado absorber una mano de obra procedente del medio rural y de otras capitales de provincia, lo que ha creado problemas de circulación, transporte, contaminación atmosférica, etc., propios de toda gran ciudad.

Para la solución de estos problemas, el Ayuntamiento ha emprendido una serie de grandes realizaciones urbanas, las más importantes que se han registrado en la capital.

Actualmente se encuentran en funcionamiento, en construcción o en proyecto, un total de diecisiete aparcamientos subterráneos y para antes del año 1970 se estima estén construidos otros tres aparcamientos, con lo que el número de plazas sobrepasará las ocho mil, cifra superior a la de los aparcamientos subterráneos existentes actualmente en París.

Pero quizá la mayor empresa del urbanismo madrileño es la ordenación y construcción de la avenida de la Paz, de extraordinaria importancia para el desarrollo próximo y futuro de Madrid.

La avenida de la Paz tiene una doble importancia. Por una parte ha de ser el eje fundamental del desarrollo urbano de Madrid que sustituirá al actual. Será la gran arteria norte–sur a cuyos costados se irá desarrollando una teoría de calles, de vías de penetración, de espacios verdes, de avenidas secundarias, de zonas residenciales.

La primera fase, cuya construcción dará comienzo este año, tendrá una longitud de 13.500 metros, aproximadamente, y su anchura oscilará entre los 120 y 200 metros. La nueva vía no sólo será un eje Norte-Sur de tránsito rápido, sino que merced a su calzada de servicio se convertirá en vía colectora urbana para las zonas edificadas en sus márgenes. Tendrá así el carácter de vía parque residencial. Los pasos elevados y los nudos de enlace permitirán la descongestión del tráfico y la penetración en la ciudad, por diferentes zonas a lo largo de su recorrido.

Del Madrid castizo y verbenero de hace no muchos años, se ha pasado a este otro Madrid de las grandes avenidas. Un Madrid que sin romper con la gracia y el sabor de su parte antigua se ha convertido en una hermosa, moderna e industrial ciudad.

España semanal, 30 – VI – 69

6 el Ayuntamiento: el de Madrid. 23 teoría: sistema. 24 vías de penetración: carreteras que dan acceso a las zonas de la ciudad situadas a los lados de la avenida. 30 calzada de servicio: *service road.* 30 vía colectora urbana: acudirá a encauzarse en ella todo el tráfico que se dirija hacia el norte o el sur. 32 vía parque residencial: combinación de carretera y zona residencial con amplios espacios verdes. 36 castizo: tradicional. 36 verbenero: cuyos habitantes gustan de festejar las verbenas; es decir, las festividades celebradas en las noches de la víspera de ciertos santos.

[99]

Cierto. El periodismo es una mezcla de vocación y oficio. Una carburación fácil, porque al periodista se le brinda un montón de temas donde ensayar sus facultades críticas.

– Supongo que excluirá usted a las instituciones y las personas intocables, con lo que el temario se reduce bastante.

– Siempre queda la actualidad, el progreso científico, el cambio de mentalidad, el turismo y la juventud: esos dos nuevos fenómenos sociales. Lo importante es estar informado.

– ¿Y el lector?

– El público lector vive con veinte años de retraso en política, economía, sociología, arte y teatro. El hombre-masa se satisface con las píldoras de la seudocultura y folklore populares. Si usted escribe de Marcuse en política, de García Márquez en literatura, de Comín en economía, de Ionesco en el teatro y de Polanski en el cine, de fijo que ganará fama de 'rollo'.

– Bueno, siempre hay temas amenos para los lectores y

que no proporcionan quebraderos de cabeza a los periodistas: los toros, el fútbol, la Massiel o Salomé de turno, las princesas y la proclamación de 'misses'. Dígame, ¿tan difícil es ser periodista?

– Más bien complicado, porque hay que poner cien ojos, como dicen que tenía Briareo, sobre la cuartilla que se escribe. Hay que respetar las conveniencias, las vanidades y los intereses: ese laberinto donde tan fácil es perder el hilo de la orientación. Ser innocuo para tener pase. Si usted comenta la evolución pacífica, le califican de escritor de derechas, y si se refiere a la apertura europea o arremete contra las 'vacas sagradas', le encasillan en las izquierdas. Si moja su pluma en la miel de las alabanzas, le llaman pelotillero, y si busca la realidad tras de las meras apariencias, resentido o amargado. Si emplea las citas de autores famosos – socorrido método para no decir nada propio – ganará fama de pedante, y si redacta con sencillez para que todos le entiendan, de vulgar o ramplón. Si una crónica es blanda será prueba de que usted ha chaqueteado, y si dura acorde con el tema, que cómo la censura lo permite. Si es bondadoso como un serafín y todo le parece bien será un hombre discreto, según los prácticos, y si es sincero, le tildarán de loco los cuerdos de la simulación.

Ideal (España), 17 – VIII – 69

2 carburación: combinación, mezcla. 5 con lo que: de modo que. 5 temario: lista de los temas posibles. 11 de retraso: *behind the times*. 12 hombre-masa: la generalidad de las personas. 13 seudo-: *pseudo-*. 13 folklore: las opiniones más convencionales y difundidas. 14 Marcuse: sociólogo alemán. Véase del texto número 28. 15 García Márquez: novelista colombiano. Véase el texto número 58. 15 Comín: economista español. 16 Ionesco: dramaturgo franco-rumano. 16 Polanski: director de cine norteamericano. 17 'rollo': *a bore*. 19 quebraderos de cabeza: problemas. 20 Massiel, Salomé: cantantes españolas de música 'pop'. 20 de turno: de moda. 21 la proclamación de 'misses': los concursos de belleza. 24 Briareo:

personaje mitológico, gigante de cien *brazos*; *Briareos*. 27 tener pase: poder ser admitido. 28 le califican: le llaman. 29 de derechas: derechista. 29 la apertura europea: el acercamiento de España a los demás países de Europa. 32 pelotillero: adulón. 34 propio: *of one's own*. 37 ha chaqueteado: se ha pasado de un bando a otro (por ejemplo, en política) y por tanto es adulón del nuevo. 38 que cómo: se preguntará cómo. 40 discreto: juicioso. 41 los cuerdos de la simulación: los que estiman que más vale simular o fingir.

[100]

Es difícil encontrar un tocadiscos o combinado que no ostente la fórmula mágica *alta fidelidad*. Sin embargo, el aparato no siempre es ... fiel a esta característica. En Inglaterra, Alemania y Estados Unidos los fabricantes están bajo control estatal y no pueden presentar un equipo anunciándolo como Hi-Fi (*high fidelity*) si no reúne ciertas condiciones. Se dice que un aparato es de alta fidelidad cuando cada uno de los elementos que lo componen ha sido llevado a un grado tal de afinación que el conjunto ofrece una capacidad de reproducción de sonido prácticamente perfecta. Hay que pensar que cada uno de los elementos que integra un equipo (válvulas, conexiones, trasformador, cápsula, púa, parlantes, etcétera) tiende a desmejorar la calidad del sonido. En alta fidelidad esta tendencia se reduce a un mínimo, y la semejanza del sonido reproducido con el real es considerable. Pero esto no se puede comprobar *viendo* el equipo, sino *escuchándolo*. Al hacerlo, conviene recordar lo siguiente: el oído se acostumbra tanto a lo bueno como a lo malo, de manera que si se pasa súbitamente de un equipo malo (al que el oído se había acostumbrado) a uno de calidad muy superior puede ocurrir que al comienzo el sonido de éste parezca estridente o poco natural.

Para lograr una buena audición no es suficiente tener un buen equipo, sino discos en buenas condiciones. Habituándose a cuidarlos como es debido puede asegurárseles una vida casi ilimitada. Las precausiones no son muchas:

(a) no utilizar un disco estereofónico en un equipo monoaural; la púa de éste – más gruesa – arruinará los surcos del estéreo;

(b) utilizar un pick-up liviano; los antiguos eran pesados porque debían reproducir discos de pasta de 78 r.p.m.; en los actuales la presión de la púa no debe exceder los tres gramos;

(c) los discos deben mantenerse libres de polvo. Para esto puede ser suficiente pasarle un paño apenas humedecido antes de colocarlos en el plato. Son también muy prácticos unos cepillitos que se acoplan al pick-up y 'barren' el disco a medida que el plato gira;

(d) no es aconsejable que los discos caigan uno sobre otro en los cambiadores automáticos; es preferible colocarlos de a uno;

(e) debe recordarse que la púa tiene una duración limitada; cuando se perciba que distorsiona el sonido debe reemplazársela por una nueva.

Claudia (Argentina), julio de 1968

1 combinado: *set.* 12 integra: compone. 13 cápsula: *cartridge.* 13 parlantes: altoparlantes. 39 a medida que: mientras. 41 de a uno: uno a uno.

[101]

Trujillo es una ciudad preciosa, redonda y pulida, sin estridencias, bien acabada, como una naranja. Trujillo es una naranja azul. Cada calle, cada barrio, es un gajo, armónicamente unido a sus hermanos hasta formar un todo perfecto. Algunos gajos forman un Trujillo viejo, el de antes de la Conquista, piedras que vieron a los hermanos Pizarro, cuestas que bajó corriendo Orellana niño, obstáculos que hicieron medir las fuerzas de García de Paredes, el Hércules de España. Pero están los gajos de 'después de América', más ricos, más dulces, más sabrosos, la parte de la ciudad edificada por los descendientes de aquellos conquistadores ya ricos y ennoblecidos: palacios, escudos, salones silenciosos y grandes patios, fachadas señoriales. Y hay los gajos verdes pero dulces, suaves pero recios, del campo de la región que rodea y entra en la villa, que forma parte allí no sólo de cada pueblo, sino también de cada corazón. Rodeándolo todo está la cáscara de la naranja, que es el luminoso y claro cielo de Extremadura, a ratos de gasa, a ratos de cristal. De día nos deslumbra con su brillo caliente que enciende la piedra y arranca chispas de los escudos viejos, de noche nos cobija como el techo de una casa amiga y cada estrella pudiera ser la lámpara del hogar perdido. Con ella soñaron cada noche, desde tan lejos, los recios conquistadores que aquí nacieron, con ella sueñan hoy día los emigrantes, con ella soñarán siempre todos los trujillanos, todos los extremeños que se encuentren lejos. El cielo de Extremadura es el más claro, el más luminoso, el más brillante, el más ancho cielo del mundo. Con estrellas grandes y serias, rotundas y transcendentales, como centinelas de plata, como antorchas quietas. Trujillo es una ciudad digna de ese cielo, digna de los héroes que nacieron en ella, digna de su campo, digna de sus monumentos, digna de su fama. Es redonda y armónica como una naranja jugosa y dulce, silenciosa y bella. Trujillo es una naranja azul recogida e intacta bajo el sol.

Blanco y negro (España), 6 – 1 – 68

1 Trujillo: ciudad de Extremadura, en el oeste de España. 3 gajo: *slice, segment*. 6 la Conquista: la de América, ya que la mayoría de los conquistadores eran de esta región. 7 los hermanos Pizarro: conquistadores del Perú, oriundos de Trujillo. 7 Orellana: entre 1519 y 1542 exploró el río Amazonas. 8 García de Paredes: (1466–1530) soldado célebre. Se distinguió principalmente en las guerras de Granada y de Italia. 9 'después de América': es decir, después de la época de la Conquista.

[102]

Aunque la comida habitual del español no se diferencia actualmente casi nada de la de los demás europeos, también aquí tiene cada región su especialidad, desde los jamones y chorizos de Montánchez, en Extremadura, hasta el gazpacho y el pescado frito de Andalucía, de calidad única.

Madrid ofrece su cocido, de carne y garbanzos; la costa mediterránea, su famosa paella, o arroz a la valenciana con pollo o conejo, calamares o merluza, langosta o langostinos. Para los crudos días del invierno, no hay nada como la fabada asturiana, versión excelente del cerdo con judías conocido en el extranjero. Los vascos tienen bacalao al pilpil y a la vizcaína, y cocochas de merluza. Los menús catalanes incluyen la zarzuela de mariscos, las perdices estofadas, los pollos y pavos asados a la ampurdanesa, y las codornices a la Montseny.

Andalucía es una gran tierra vinícola, con su jerez, su

manzanilla, su montilla y moriles – estos dos muy secos –, el dulce moscatel de Málaga, y un selecto vino blanco que entra muy bien con el pescadito malagueño. Valdepeñas, Tomelloso, Socuéllamos, son los principales centros productores de los vinos manchegos, muy apreciados por su cuerpo y colorido. Valladolid produce uno de los mejores tintos de España. Cataluña ofrece muchos vinos excelentes, entre ellos los claretes de Valls y la Salve, los caldos del Priorato y el famoso Tarragona; y La Rioja produce excelentes vinos de mesa, mundialmente famosos por su exquisito sabor. Puede afirmarse que, prácticamente, no hay región española que no produzca su vino característico. Aragón nos da el dorado vino de Borja y el clarete de Mirabuena y Campos de Cariñena. Galicia, el vino del 'Ribeiro', muy adecuado para los mariscos. También Navarra es cuna de buenos claretes, y Tudela, específicamente, produce un tinto dulce y espiritoso de tanto cuerpo como el Borgoña.

España en síntesis (Servicio Informativo Español)

7 a la valenciana: al estilo de Valencia. Véase el texto siguiente. 11 pilpil: nombre de una salsa. 12 cocochas: bolitas pequeñas. 13 zarzuela: plato que consiste en una variedad de pescado o mariscos. 13 estofadas: *stewed.* 14 a la ampurdanesa: al estilo del Ampurdán, región del norte de Cataluña. 14 codornices: *quail.* 15 Montseny: región al suroeste del Ampurdán. 16 vinícola: que produce vinos. 18 moscatel: en inglés *muscatel.* 19 entra muy bien con: *goes well with.* 21 manchegos: de la Mancha, llanura que se extiende por las provincias de Cuenca, Toledo, Ciudad Real y Albacete. 22 colorido: color. 24 Valls: población de la provincia de Tarragona. 24 la Salve: comarca de la provincia de Gerona. 24 caldos: vinos. 25 el Priorato: comarca de la provincia de Tarragona. 25 La Rioja: región de la provincia de Logroño.

[103]

ARROZ (PAELLA) A LA VALENCIANA

El arroz a la Valenciana admite cuantos aditamentos se quiera; mi receta es muy completa, pero cabe suprimir lo que no guste o convenga.

He adoptado el procedimiento de cocer aparte la fritada, rehogando por separado el arroz, porque resulta mejor (la fritada bien frita y el arroz más suelto).

Generalmente se calcula una jícara de arroz por cada individuo; pero esto depende también del apetito de los comensales, de lo que se añade al arroz y del número de platos que integre la comida.

CANTIDADES. – 500 gr. de arroz, un pollo pequeño, 200 gr. de lomo, 200 gr. de anguila o congrio, 200 gr. de calamares, 150 gr. de langostinos, 100 gr. de salchicha o longaniza, 200 gr. de guisantes desgranados, 200 gr. de tomates (frescos o de conserva), 100 gr. de judías verdes, 6 alcachofas, 12 almejas, 2 ó 3 pimientos encarnados (frescos o de conserva), 100 gr. de cebollas, 2 ó 3 dientes de ajo, 2 decilitros de aceite, 5 gr. de pimentón, 2 ramas de perejil, 5 ó 6 hebras de azafrán, sal y pimienta.

Nota. Se le pone además caracoles, conejos, pichones, etc.

PROCEDIMIENTO. – Póngase al fuego en una cacerola el aceite (si gusta se le pone además manteca de cerdo, aunque los valencianos lo reprueban); fríase en ella el pollo, el lomo y las salchichas, todo cortado a pedazos; ya frito, agréguese la cebolla, muy picada, y los dientes de ajo, majados; rehóguese durante unos minutos, agregando los tomates y pimientos, mondados y sin simientes; se les da unas vueltas y se añaden los calamares bien limpios (siendo preferibles los más pequeños), los langostinos, el congrio cortado en trozos y las almejas desprovistas de la mitad de las conchas; sazónese con sal, pimienta y pimentón y déjese cocer un poco separado del fuego durante unos minutos.

Mientras tanto mídase el arroz y prepárese igual cantidad de agua o caldo, que se tendrá en un cazo sobre el fuego para que esté caliente.

Póngase en otra cacerola un poco de aceite; caliéntese, póngase el arroz y rehóguese a fuego vivo, revolviéndolo con una cuchara de madera para que no se tueste. Estará en punto cuando, al moverlo, haga ruido. Agréguese entonces la fritada y las hortalizas y, después de darle unas vueltas al conjunto, añádase caldo o agua.

Al añadir líquido téngase presente que las hortalizas, tomates, mariscos, etc., han de aportar el suyo; por consiguiente, pónganse dos tazas *escasas* de líquido por cada taza de arroz (poniéndole menos líquido queda más suelto el grano). Y no siendo muy tiernas las hortalizas convendrá hervirlas antes en agua y sal (los guisantes, desgranados; los fondos de las alcachofas, torneados, y las judías verdes, cortadas en pedacitos).

Májese un diente de ajo, las hebras de azafrán y el perejil; deslíese con un poco de caldo y póngase también en el guiso. Rectifíquese la sal.

Ya roto el hervor escójase para terminar la cocción del arroz el método que más guste, o bien introducirlo en el horno, cociéndolo destapado y a fuego *moderado* durante *una hora*. A medio cocer se revuelve un poco el arroz con una cuchara de madera para que los tropiezos no queden encima; no hay que tocarlo más.

Antes de servirlo se tendrá unos diez minutos en reposo fuera del horno.

Si se hace sobre el fuego, ya roto el hervor, se deja en ebullición durante quince minutos, sacándolo entonces del fuego y dejándolo reposar durante otros quince minutos, acabando de absorber el caldo, quedando el arroz seco, el grano suelto y a punto de servirse.

Después de cocido el arroz siempre se le ha de dar un reposo de diez o quince minutos; calcúlese, por tanto, que entre la preparación de los ingredientes, cocción del conjunto y reposo se han de necesitar unas dos horas.

Para servirlo adórnese con pimientos y cangrejos.

Sírvase en la misma cacerola o bien amontonado en una fuente o moldeado.

María Mestayer de Echagüe (España):
La cocina completa (Espasa-Calpe, Madrid, 1949)

5 rehogando: *simmering*. 10 que integre: que constituya. 11 gr.: gramo. 17 dientes: *cloves*. 18 dos decilitros: 200 centímetros cúbicos. 53 Ya roto el hervor: una vez que empiece a hervir. 57 tropiezos: cualquier sustancia sólida.

[104]

El verdadero peligro de esterilidad de la pintura abstracta reside en su pretensión de ser un lenguaje sustentado en sí mismo. Absolutamente subjetivo – puesto que es el pintor, y nada más el pintor, el que crea y usa ese lenguaje –, carece de un elemento esencial a todo lenguaje: ser un sistema de signos y símbolos con significaciones comunes para todos aquellos que lo emplean. Si cada uno habla un lenguaje propio, el resultado es la incomunicación, la muerte del lenguaje. Un diálogo entre esquizofrénicos. Los mejores pintores abstraccionistas encontraron una suerte de lenguaje universal al redescubrir ciertas formas arquetípicas y que pertenecen al fondo común y más antiguo de los hombres.

Pero ¿se trata de un lenguaje? Más bien diría que estamos frente a un prelenguaje o, si se quiere, ante un metalenguaje. Los pintores abstraccionistas oscilan entre el balbuceo y la iluminación. Aunque desdeñan la comunicación, logran a veces la comunión. Con la poesía ocurre lo contrario: el poeta no tiene más remedio que servirse de las palabras – cada una con un significado semejante para todos – y con ellas crear un nuevo lenguaje. Sus palabras, sin dejar de ser lenguaje – esto es: comunicación – son también otra cosa: poesía, algo *nunca oído, nunca dicho*, algo que es lenguaje y que lo niega y va más allá. La pintura abstracta aspira a ser puro lenguaje pictórico y, así, se rehusa a la impureza esencial de todo lenguaje: la utilización de signos o formas con significados comunes para todos.

Octavio Paz (México): *Corriente alterna*
(Siglo XXI Editores, 1968)

14 prelenguaje: modo de comunicación que antecede al lenguaje.
14 metalenguaje: modo de comunicación que podrá existir después de que haya desaparecido el lenguaje tal como se conoce ahora.
16 iluminación: *enlightenment*.

[105]

Me evado del calabozo de mis meditaciones. La dulce, la irresistible corriente de la animalidad me lleva envuelto en su curso benigno. Ando mucho, acompañado de Rafaelín, a quien enseño los predios y los deliciosos arenales; y los pasos, movimientos, antojos y preferencias del chiquitín evocan los míos; me retrotraen, por la magia psíquica del recuerdo, a los años perdidos, borrados casi en lo consciente de mi ser. Me veo nuevamente – en Rafaelín – recogiendo bocinas, lapas, nácaras y conchuelas, esas conchas de la ría cantábrica, que tienen los reflejos de ardiente irisación y la involución clásica de las del Mediterráneo. Me veo a caza de bellotas y piñones en la selva rumorosa, bajo el enorme pino secular, faro de los navegantes y objeto de las iras del rayo, que le ha mancado dos de sus brazos de Briareo. Me veo sentado en el carro colmo de espigas de maíz, eligiendo entre ellas las *reinas*, las de fruto rojo como granos de granada. Me veo jugando al pie del lavadero, turbio de espuma jabonosa, y, al menor descuido de los que me vigilan, chapuzándome en él. Me veo limosneando a los pintorescos y joviales mendigos cuya salmodia zumbadora, moscona, me despierta el domingo antes del toque de misa. Me veo refugiándome detrás de una peña, en cueros, para evitar que me bañen – y me veo de repente, por esos cambios súbitos, fantásticos, de la niñez –, corriendo hacia el mar rielante y estriado bajo el sol, y adelantándome con tal ímpetu, que tienen que cogerme para que no pierda pie y me hunda en alguna hoya traidora recubierta de arena fina. Me veo mordido por un cangrejo, llorando a perder; me veo saliendo del agua, con un manojo de algas crasas apretadas en el puño, sin querer soltarlas, rabioso porque me las arrebataban tiránicamente. . . . Tales son los gestos míos que reproduce Rafaelín a la distancia de veinticinco o treinta años; gestos olvidados, gestos pueriles, en los cuales me empapo, por decirlo así, y floto, con lento placer, con la ventura fluida que hacen sentir las cosas nimias y naturales. La niñez de Rafael, sin embargo, se diferencia de la mía, con la diferenciación profunda del carácter. Esta criatura es dócil, amorosa, poco egoísta (dentro del general egoísmo instintivo de la infancia). Sus vivezas terminan en arrebatos generosos. Además . . ., temo consignarlo, desconfiado como soy de todo afecto . . ., además . . . este chiquitín . . . no hay remedio, no se puede negar . . . ¡este pequeño . . . me adora! Sí; hay un ser en el mundo, incapaz de ficción, que vive pendiente de mis menores indicaciones y voluntades; hay un ser que no es un perro, y para quien, sin embargo, yo, Gaspar de Montenegro . . ., soy Dios.

Emilia Pardo Bazán (España): *La sirena negra* (Espasa-Calpe Argentina, 1947)

5 chiquitín: niño. 6 me retrotraen: me llevan hacia atrás. 8 nuevamente: de nuevo. 9 bocinas: caracoles marinos. 9 lapas: *limpets*. 9 nácaras: *mother-of-pearl*. 9 ría cantábrica: del norte de Galicia. 10 irisación: *iridescence*. 11 involución: *involution, turning in at the edges*. 12 piñones: *pine-nut seeds*. 13 secular: viejo de un siglo. 14 Briareo: gigante de cien brazos de la mitología griega; *Briareos*. 20 salmodia: canto monótono. 20 zumbadora: *droning*. 20 moscona: like a *fly*. 28 a perder: perdidamente. 38 dentro del general egoísmo instintivo de la infancia: aparte del egoísmo normal de los niños.

[106]

El diario *Informatia* de esta capital publica un artículo a cuatro columnas sobre Gibraltar, titulado 'Contrariamente a la resolución de la Asamblea General de las Naciones Unidas de diciembre 1966', encaminado a demostrar cómo Gran Bretaña ha dejado de secundar las recomendaciones del más alto organismo político mundial.

En el artículo se hace amplia historia del Peñón, desde su ocupación por la Gran Bretaña, y da a conocer a sus lectores cómo Inglaterra desea conservar la última colonia de Europa, pese al hecho de que el Tratado de Utrecht sólo cedió a la Corona británica la propiedad de la ciudad y del castillo de Gibraltar, pero no el puerto y sus fortificaciones. La interpretación que España da a este tratado atribuye a Gran Bretaña sólo la propiedad del territorio comprendido dentro del recinto de la ciudadela.

También se hace eco este diario del hecho de la ocupación por parte de Inglaterra de las fortificaciones españolas de San Felipe y Santa Bárbara, so pretexto del avance de los ejércitos napoleónicos. Otro paso más en su expansionismo tierra adentro del territorio español lo dio Gran Bretaña en 1815 y 1854, cuando unas barracas sanitarias, improvisadas para combatir las epidemias, fueron transformadas en edificaciones y fortificaciones que ampliaron la propiedad territorial inglesa en seis kilómetros cuadrados. Finalmente – concluye el diario – en 1908 los ingleses colocaron una alambrada de hierro entre el territorio español y la zona neutral fijada en Utrecht, con lo cual se apropiaron de dicha zona.

Después de esta exposición histórica y tras haber puesto de relieve que la plaza carece hoy de interés desde el punto de vista de la estrategia bélica actual, *Informatia* advierte que para forzar la descolonización, España está bloqueando progresivamente la plaza de Gibraltar, conforme a los derechos que le confiere el Tratado de Utrecht y los convenios internacionales sobre tráfico aéreo. España quiere negociar con Gran Bretaña acerca de los problemas de Gibraltar en general, mientras que Inglaterra lo que pretende es tratar tan sólo de problemas de la prohibición de sobrevuelo del territorio español circunvecino a Gibraltar. 'En los sondeos discretos concernientes a la posición de Estados Unidos y de los países de Europa occidental sobre este litigio – dice literalmente – Inglaterra llegó a la conclusión de que está aislada (Los Estados Unidos consideran a España como una base ideal para la NATO y el papel de España se cotiza muy alto después de la salida de Francia de la Alianza Atlántica, al paso que los 'seis' miran a España como un miembro potencial de la CEE), y por eso a los ingleses no se les ocurre otra salida que la transferencia de este litigio al Tribunal Internacional de Justicia de La Haya, donde el asunto esperan que pudiese quedar tergiversado.

El artículo finaliza dando cuenta de la resolución, propuesta por Irak, Chile, Uruguay y Siria, y aprobada por el 'Comité de los Veinticuatro' desautorizando la actitud inglesa resistente a la descolonización efectiva del Peñón.

La vanguardia española, 8 – IX – 67

1 esta capital: el artículo es del corresponsal de Bucarest. 10 pese al hecho: a pesar del hecho. 10 Tratado de Utrecht: firmado en 1713. 18 so pretexto: bajo pretexto. 39 sobrevuelo: *overflying.* 45 se cotiza muy alto: *is very highly regarded.* 46 los 'seis': los seis países del Mercado Común o CEE (Comunidad Económica Europea). 49 La Haya: *the Hague.* 53 el 'Comité de los Veinticuatro': *UN Decolonisation Committee.* 53 desautorizando: *disapproving.*

[107]

El pueblo es un pueblo cualquiera, un pueblo perdido por tierras de Castilla, no por la Castilla del páramo y el cereal, sino por la otra, por la del vino y el monte bajo, los chaparrales y la paloma zurita, el encinar, el canchal, el pollo de perdiz y las vides naciendo en la linde misma en donde muere el pino de la resina.

El pueblo está lejos del ferrocarril, lejos de la carretera general, lejos del río, agazapado a la sombra de la torre parroquial, una torre herreriana de viejo granito que la sequía de cuatro siglos, esa sequía que desnudó a Castilla, no ha permitido que criase el cariñoso, el silencioso, el verdinoso musgo de los años.

El pueblo está reclinado sobre una ladera suave, rodeado de viñedos de verde color de manzana y de olivares grises como la luz del invierno. A la salida del pueblo, la picota se yergue – la misma carne de piedra que la parroquial – con su sombra de palo siniestro y un nido de avispas en el capitel, mirando para la sembradura, quién sabe si un poco como protegiéndola.

El pueblo es un pueblo rico, un pueblo con un salón de baile, dos bancos, dos boticas, tres cafés, cuatro médicos y cien bodegas frescas, aromáticas, incitadoras. El pueblo tiene un palacio donde vive un príncipe de la sangre con su familia y sus criados, y una población de más de cuatro mil habitantes. Lo único que le falta al pueblo es agua, agua a pasto, agua para dar y sobrar; a la gente no parece preocuparle demasiado.

El pueblo tiene una plaza con dos relojes, una plaza sombreada de árboles añosos, corpulentos, con las entrañas vacías, y una rondalla de guitarreros que pulsan la cuerda con devoción, una rondalla de guitarreros que en la capital, por mor de unas justas, quedó antes que ninguna.

Camilo José Cela (España): *El gallego y su cuadrilla* (Ediciones Destino, 1955)

3 chaparrales: sitio poblado de chaparros. 4 zurita: silvestre. 4 encinar: bosque de encinas. 4 canchal: sitio de grandes peñascos descubiertos. 9 herreriana: del estilo del arquitecto español Juan de Herrera (1530–97). 12 verdinoso: del color del verdín. 18 la sembradura: el sembrado. 30 rondalla: conjunto de músicos de instrumentos de cuerda. 30 guitarreros: guitarristas de poca categoría. 32 mor: amor; por mor de: con motivo de. 32 unas justas: un certamen. 32 quedó antes que ninguna: venció a todas las demás.

[108]

Las ilusiones del patriotismo no tienen término. En el primer siglo de nuestra era, Plutarco se burló de quienes declaran que la luna de Atenas es mejor que la luna de Corinto; Milton, en el XVII, notó que Dios tenía la costumbre de revelarse primero a Sus ingleses; Fichte, a principios del XIX, declaró que tener carácter y ser alemán es, evidentemente, lo mismo. Aquí, los nacionalistas pululan; los mueve, según ellos, el atendible o inocente propósito de fomentar los mejores rasgos argentinos. Ignoran, sin embargo, a los argentinos; en la polémica, prefieren definirlos en función de algún hecho externo; de los conquistadores españoles (digamos) o de una imaginaria tradición católica o del 'imperialismo sajón'.

El argentino, a diferencia de los americanos del Norte y de casi todos los europeos, no se identifica con el Estado. Ello puede atribuirse a la circunstancia de que, en este país los gobiernos suelen ser pésimos o al hecho general de que el Estado es una inconcebible abstracción; lo cierto es que el argentino es un individuo, no un ciudadano. Aforismos como el de Hegel 'El Estado es la realidad de la idea moral' le parecen bromas siniestras. Los films elaborados en Hollywood repetidamente proponen a la admiración el caso de un hombre (generalmente, un periodista) que busca la amistad de un criminal para entregarlo después a la policía; el argentino, para quien la amistad es una pasión y la policía una *mafia*, siente que ese 'héroe' es un incomprensible canalla. Siente con D. Quijote que 'allá se lo haya cada uno con su pecado' y que 'no es bien que los hombres honrados sean verdugos de los otros hombres, no yéndoles nada en ello' (*Quijote*, I, XXII). Más de una vez, ante las vanas simetrías del estilo español, he sospechado que diferimos insalvablemente de España; esas dos líneas del Quijote han bastado para convencerme de error; son como el símbolo tranquilo y secreto de nuestra afinidad. Profundamente lo confirma una noche de la literatura argentina: esa desesperada noche en la que un sargento de la policía rural gritó que no iba a consentir el delito de que se matara a un valiente y se puso a pelear contra sus soldados, junto al desertor Martín Fierro.

El mundo, para el europeo, es un cosmos, en el que cada cual íntimamente corresponde a la función que ejerce; para el argentino, es un caos. El europeo y el americano del Norte juzgan que ha de ser bueno un libro que ha merecido un premio cualquiera; el argentino admite la posibilidad de que no sea malo, a pesar del premio. En general, el argentino descree de las circunstancias. Puede ignorar la fábula de que la humanidad siempre incluye treinta y seis hombres justos – los *Lamed Wufniks* – que no se conocen entre ellos pero que secretamente sostienen el universo; si la oye, no le extrañará que esos beneméritos sean oscuros y anónimos... Su héroe popular es el hombre solo que pelea con la partida, ya en acto (Fierro, Moreira, Hormiga Negra), ya en potencia o en el pasado (Segundo Sombra). Otras literaturas no registran hechos análogos. Consideremos, por ejemplo, dos grandes escritores europeos: Kipling y Franz Kafka. Nada, a primera vista, hay entre los dos de común, pero el tema del uno es la vindicación del orden, de un orden (la carretera en *Kim*, el puente en *The Bridge-Builders*, la muralla romana en *Puck of Pook's Hill*); el del otro, la insoportable y trágica soledad de quien carece de un lugar, siquiera humildísimo, en el orden del universo.

Se dirá que los rasgos que he señalado son meramente negativos o anárquicos; se añadirá que no son capaces de explicación política. Me atrevo a sugerir lo contrario. El más urgente de los problemas de nuestra época (ya denunciado con profética lucidez por el casi olvidado Spencer) es la gradual intromisión del Estado en los actos del individuo; en la lucha con ese mal, cuyos nombres son comunismo y nazismo, el individualismo argentino, acaso inútil o perjudicial hasta ahora, encontraría justificación y deberes.

Sin esperanza y con nostalgia, pienso en la abstracta posibilidad de un partido que tuviera alguna afinidad con los argentinos; un partido que nos prometiera (digamos) un severo mínimo de gobierno.

El nacionalismo quiere embelesarnos con la visión de un Estado infinitamente molesto; esa utopía, una vez lograda en la tierra, tendría la virtud providencial de hacer que todos anhelaran, y finalmente construyeran, su antítesis.

Jorge Luis Borges (Argentina):
Otras inquisiciones (Emecé Editores, 1966)

8 atendible: digno de atención. 10 polémica: disputa. 11 en función de: a base de. 27 'allá se lo haya cada uno con su pecado': *each man's sins are his own affair*. 29 'no yéndoles nada en ello': *since the matter is no concern of theirs*. 31 diferimos insalvablemente: hay diferencias infranqueables. 36 un sargento: el sargento Cruz, personaje del poema 'Martín Fierro' de José Hernández, la obra más conocida de la literatura gauchesca argentina. 40 cada cual: cada persona. 48 los *Lamed Wufniks*: tradición semítica. 52 ya . . . ya . . .: *sometimes . . . sometimes . . .*. 52 Fierro, Moreira, Hormiga Negra: personajes de la literatura gauchesca de fines del siglo XIX. 53 en potencia: *potentially*. 53 Segundo Sombra: protagonista de la novela de Ricardo Güiraldes *Don Segundo Sombra* (1926). 66 Spencer: estadista norteamericano (1788–1855). 67 intromisión: *interference*.

[109]

Se salía de la estación de las lluvias, que había llenado las calles de nuevos lodos, cuando una mañana, en el medio sueño de su incipiente noche, Carlos oyó sonar reciamente la aldaba de la puerta principal. El hecho no le hubiera atraído la atención si, pocos momentos después, no hubiesen llamado a la puerta cochera, y después a todas las demás puertas de la casa, regresando la mano impaciente al punto de partida, para volver a atronar luego las otras puertas por segunda y tercera vez. Era como si una persona empeñada en entrar girara en torno a la casa, buscando algún lugar por donde colarse – y esa impresión de que giraba se hacía tanto más fuerte por cuanto las llamadas repercutían donde no había salida a la calle, en ecos que corrían por los rincones más retirados. Por ser Sábado de Gloria y día feriado, el almacén – recurso de visitantes que deseaban información – estaba cerrado. Remigio y Rosaura debían estar en la misa de Resurrección, o de compras en el mercado, puesto que no respondían. 'Ya se cansará', pensó Carlos, metiendo la cabeza en la almohada. Pero, al advertir que seguían los golpes, acabó por echarse una bata encima, iracundo, y bajar al zaguán. Se asomó a la calle en lo justo para divisar a un hombre que doblaba la esquina más próxima, con paso presuroso, llevando un enorme paraguas. En el suelo había una tarjeta, deslizada bajo los batientes:

VICTOR HUGUES
Négociant
à
Port-au-Prince

Después de maldecir al personaje desconocido, Carlos volvió a acostarse, sin pensar más en él. Al despertar, sus ojos se toparon con la cartulina, extrañamente teñida de verde por un último rayo de sol que atravesaba el verde cristal de una luceta. Y estaban 'los pequeños' reunidos entre las cajas y envoltorios del Salón, entregado el Gran Alberto a sus trabajos de física, cuando la misma mano de la mañana levantó las aldabas de la casa. Serían acaso las diez de la noche, hora temprana para ellos, pero tardía para los hábitos de la ciudad. Un miedo repentino se apoderó de Sofía: 'No podemos recibir aquí a una persona extraña', dijo, reparando, por vez primera, en la singularidad de cuanto había venido a constituirse en el marco natural de su existencia. Además, aceptar a un desconocido en el laberinto familiar hubiese sido algo como traicionar un secreto, entregar un arcano, disipar un sortilegio. '¡No abras, por Dios!', imploró a Carlos, que ya se levantaba con enojada expresión. Pero era demasiado tarde: Remigio, sacado de un primer sueño por la aldaba de la puerta cochera, introducía al forastero, alzando un candelabro. Era un hombre sin años – acaso tenía treinta, acaso cuarenta acaso muchos menos –, de rostro detenido en la inalterabilidad que comunican a todo semblante los surcos prematuros marcados en la frente y las mejillas por la movilidad de una fisonomía adiestrada en pasar bruscamente – y esto se vería desde las primeras palabras – de una extrema tensión a la pasividad irónica, de la risa irrefrenada a una expresión voluntariosa y dura, que reflejaba un dominante afán de imponer pareceres y convicciones. Por lo demás, su cutis muy curtido por el sol, el pelo peinado a la despeinada, según la moda nueva, completaban una saludable y recia estampa. Sus ropas ceñían demasiado un torso corpulento y dos brazos hinchados de músculos, bien llevados por sólidas piernas, seguras en el andar. Si sus labios eran plebeyos y sensuales, los ojos, muy oscuros, le relumbraban con imperiosa y casi altanera intensidad. El personaje tenía empaque propio, pero, de primer intento, lo mismo podía suscitar la simpatía que la aversión.

Alejo Carpentier (Cuba): *El siglo de las luces*
(Compañía General de Ediciones, 1965)

1 estación de las lluvias: en Cuba. 11 tanto más: *all the more.* 14 Sábado de Gloria: *Easter Saturday.* 14 día feriado: *holiday.* 16 Remigio y Rosaura: el cochero y criado de la familia y su esposa. 21 en lo justo: *just in time.* 25 Victor Hugues: personaje histórico. 28 Port-au-Prince: capital de Haití. 33 luceta: claraboya. 33 'los pequeños': apodo que daban los vecinos a Carlos, su hermana y su primo. 34 el Gran Alberto: apodo que se daba a Esteban, primo de Carlos. 55 irrefrenada: desenfrenada. 59 saludable: llena de salud. 65 de primer intento: *at first sight.*

[110]

El poeta que va a hacer un poema (lo sé por experiencia propia) tiene la sensación vaga de que va a una cacería nocturna en un bosque lejanísimo. Un miedo inexplicable rumorea en el corazón. Para serenarse, siempre es conveniente beber un vaso de agua fresca y hacer con la pluma negros rasgos sin sentido. Digo negros, porque . . . ahora voy a hacerles una revelación íntima . . ., yo no uso tinta de colores. Va el poeta a una cacería. Delicados aires enfrían el cristal de sus ojos. La luna, redonda como una cuerna de blando metal, suena en el silencio de las ramas últimas. Ciervos blancos aparecen en los claros de los troncos. La noche entera se recoge bajo una pantalla de rumor. Aguas profundas y quietas cabrillean entre los juncos. . . . Hay que salir. Y éste es el momento peligroso para el poeta. El poeta debe llevar un plano de los sitios que va a recorrer y debe estar sereno frente a las mil bellezas y las mil fealdades disfrazadas de belleza que han de pasar ante sus ojos. Debe tapar sus oídos como Ulises frente a las sirenas, y debe lanzar sus flechas sobre las metáforas vivas, y no figuradas o falsas, que le van acompañando. Momento peligroso si el poeta se entrega, porque como lo haga no podrá nunca levantar su obra. El poeta debe ir a su cacería limpio y sereno, hasta disfrazado. Se mantendrá firme contra los espejismos y acechará cautelosamente las carnes palpitantes y reales que armonicen con el plano del poema que lleva entrevisto. Hay a veces que dar grandes gritos en la soledad poética para ahuyentar los malos espíritus fáciles que quieren llevarnos a los halagos populares sin sentido estético y sin orden ni belleza. Nadie como Góngora preparado para esta cacería interior. No le asombran en su paisaje mental las imágenes coloreadas, ni las brillantes en demasía. Él caza la que casi nadie ve, porque la encuentra sin relaciones, imagen blanca y rezagada, que anima sus momentos poemáticos insospechados. Su fantasía cuenta con sus cinco sentidos corporales. Sus cinco sentidos, como cinco esclavos sin color que le obedecen a ciegas y no lo engañan como a los demás mortales. Intuye con claridad que la naturaleza que salió de las manos de Dios no es la naturaleza que debe vivir en los poemas, y ordena sus paisajes analizando sus componentes.

Federico García Lorca (España): *La imagen poética en don Luis de Góngora* (*Obras completas*, Aguilar, 1957)

1 experiencia propia: véase también el texto número 74. 7 tinta de colores: referencia irónica al uso de tinta de colores, que estaba de moda entre algunos de los poetas contemporáneos de García Lorca. 19 figuradas: fingidas. 21 como lo haga: si lo hace. 24 acechar: *be in wait for*. 27 malos espíritus fáciles: *temptation to be facile*. 29 Góngora: el poeta español Luis de Góngora (1561–1627).

[111]

El cine no ha tratado siempre el problema racial con objetividad y realismo. Por el contrario, el cine americano nos ha mostrado al negro como un ser abyecto, idiota y ridículo. El primer golpe duro que recibieron los negros por parte del cine fue el que les asestó el gran realizador David Ward Griffith en el film *El nacimiento de una nación* (1915). Es muy significativo el hecho de que esta película fue suprimida, a causa de su racismo, en una retrospectiva dada en 1946 de este famoso director por parte del Museo de Arte Moderno de Nueva York.

El cine americano ha necesitado mantener al negro en una inferioridad vital por una necesidad dramática natural. Para satisfacer el goce de los espectadores, el realizador del film tiene que hacer recaer sobre un villano abyecto todas las desgracias de la creación. Este villano era siempre o un negro o un extranjero. Los mejicanos son presentados como seres de costumbres sucias, siempre dispuestos a la traición, el judío es el avaro por excelencia, el español el enamorado fanfarrón y hablador, el japonés el espía crapuloso, el irlandés el borracho pendenciero y, finalmente, el negro, el glotón y el bailarín histérico.

La guerra del catorce contribuyó no poco al establecimiento de bases sanas para la convivencia racial y el cine de la primera postguerra fue un instrumento valioso. El soldado americano se dio cuenta de que su camarada negro podía estar, al igual que él, en los puestos heroicos. Y se produjeron películas como *Aleluya* (1930) de King Vidor, una verdadera sinfonía negra. Sin embargo, el cine en el que se muestre la convivencia racial entre blancos y negros está todavía por realizar. *Lirios del valle* (1963), por ejemplo, interpretada por Sidney Poitier, presentaba al negro como un tipo muy servicial, pero nada más. Ningún ensayo de convivencia. La simpatía o la admiración que se dedica a un negro hace entrever más las barreras infranqueables que existen ante él.

Nuestro tiempo (España), junio de 1965

5 realizador: director de cine. 8 racismo: *racialism.* 8 retrospectiva: *retrospective showing.* 12 una necesidad dramática natural: por causa de las exigencias de la trama. 22 La guerra del catorce: la primera guerra mundial. 30 '*Lirios del valle*': *The Lilies of the Field.* 32 Ningún ensayo de convivencia: No presentaba la película ningún ejemplo de convivencia verdadera. 34 infranqueables: insuperables.

[112]

De noche, los presos solían cantar, especialmente los cholos. Los indios preferían tocar sus antaras y sus flautas. Un cholo del mismo pueblo, oriundo del barrio de Nuestra Señora, entonaba largos tristes.

El veinticinco de agosto
me tomaron prisionero,
a la cárcel me llevaron,
al calabozo primero,
ayayay,
al calabozo primero . . .

Rosendo escuchaba pegado a la ventanilla, mascando su coca. Esas canciones le arrancaban de sus lares para avecindarle espiritualmente en el pueblo. Poco las había escuchado antes, pues prefería los huainos de dulce lirismo.

Calabozo de mis penas,
sepultura de hombres vivos,
donde se muestran ingratos
los amigos más queridos,
ayayay,
los amigos más queridos . . .

La voz, amplia y trémula, hería la noche. Fluía acompasada y un poco monótona al principio, pero luego se arrebataba para desgarrarse en el largo *ayayay* y caer deplorando la desgracia con un acento desolado.

Penitenciaría de Lima,
de cal y canto y ladrillo,
donde se amansan los bravos
y lloran los afligidos,
ayayay,
y lloran los afligidos . . .

Ese triste era uno de los favoritos de los presos. Todos encontraban reflejada allí, más o menos, su peripecia. Y la Penitenciaría de Lima, el establecimiento capitalino que más renombre tiene en las provincias del Perú, levantaba al fin su mole trágica.

A las nueve era ordenado el silencio. Y a las doce comenzaba el grito de los centinelas: 'uno'..., 'dos'..., 'tres'..., 'cuatro'. Tres voceaban sus números por los techos. El 'cuatro' resonaba en los corredores, paseando frente a las cuadras y celdas. Cuando alguno dejaba de responder, era que lo había vencido el sueño y entonces iban a despertarlo. En el silencio de la noche, los gritos alargaban, ayudados por el eco, un lúgubre aullido que torturaba una vigilia con sueños de libertad.

Ciro Alegría (Perú): *El mundo es ancho y ajeno* (Editorial Diana, 1964)

1 cholos: mestizos. 2 antaras: *panpipes*. 4 tristes: género de canción peruana. 11 Rosendo: Rosendo Maqui, protagonista indio de esta novela. 11 pegado: muy cerca. 12 coca: hojas de cierta planta que les sirven a los indios de narcótico y estimulante. 12 lares: *home*. 14 huainos: género de música india. 32 peripecia: las vicisitudes de su vida. 33 capitalino: de la capital. 39 corredores: espacio exterior entre un edificio y sus soportales.

[113]

Luego, mientras allá, en torno a los corrales, rondan por turnos los veladores, cantando y silbando continuamente, porque todavía el ganado está inquieto, venteando la sabana libre y un barajuste repentino puede llevarse las palizadas; aquí, bajo los caneyes, la otra velada bulliciosa: el cuatro y las maracas, el corrido y la décima. La poesía naciendo.

Generalmente son *Pajarote* y María Nieves, éste con el cuatro y aquél con las maracas, quienes improvisan alternativamente.

Cuando Cristo vino al mundo
fue en un caballo alazano.
Iba perdiendo la vida
por coger un orejano.
Cuando Cristo vino al mundo
fue por el mes de agosto.
¡Cómo se pondría ese Cristo
de manirito y jojoto!

Y así, cada cual apoyándose en un verso del otro y en cada copla la llanura, la musa ingenua y chispeante del hombre en contacto con la naturaleza, saltaba, en la agilidad de las réplicas, de lo tierno a lo picaresco, de lo risueño a lo trágico, sin pausas ni titubeos mientras hubiera cuerdas en el cuatro y capachos en las maracas, pues si el ingenio se agotaba o no venía pronto la ocurrencia, para salir del apuro se echaba mano de Florentino. Florentino el araucano, el gran cantador llanero que todo lo dijo en coplas y a quien ni el mismo diablo pudo ganarle la apuesta de a cual improvisara más, que una noche vino a hacerle disfrazado de cristiano, porque aquél, cuando ya no le alcanzaba la voz, sobrándole todavía el ingenio, y faltando poco para que los gallos comenzasen a menudear, le nombró en una copla las Tres Divinas Personas, y lo hizo volverse a sus infiernos, de cabeza con maracas y todo.

Rómulo Gallegos (Venezuela): *Doña Bárbara*
(Espasa-Calpe Argentina, 1963)

2 veladores: vaqueros. 4 barajuste (Venezuela): dispersión del ganado. 5 los caneyes (Ven.): chozas redondas. 5 bulliciosa: ruidosa. 5 el cuatro: instrumento de música que tiene cuatro cuerdas y forma de guitarra pequeña. 6 el corrido y la décima: tipos de

canciones populares venezolanas. 11 alazano: la forma corriente es 'alazán'. 12 perdiendo la vida: *longing*. 13 orejano: *unbranded animal*. 16 Cómo se pondría . . .: *How like . . . He must have been*. 17 manirito: *annoma* (*flower*). 17 jojoto: mazorca de maíz tierno. 18 cada cual: cada uno. 18 apoyándose: tomando como punto de partida. 19 la llanura: el llano del interior de Venezuela. 23 capachos: *seeds* (*in maracas*). 25 apuro: dificultad. 25 Florentino: se trata de una leyenda venezolana muy conocida. Las leyendas de desafíos de coplas entre cantadores y el Diablo están muy difundidas en la América Latina. 26 araucano: de la región del Arauco, río de Venezuela. 27 ni: ni siquiera. 28 de a cual improvisara más: *who could improvise best*. 29 cristiano (fam.): ser humano. 29 aquél: es decir, Florentino. 30 alcanzaba: bastaba. 31 poco: poco tiempo. 31 menudear: cacarear. 32 las Tres Divinas Personas: Padre, Hijo y Espíritu Santo.

[114]

Abordamos una vez más el traído y llevado tema de la reforma agraria en España. Pasan los años y el problema sigue candente, desencadenando polémicas, pero no medidas eficaces para resolverlo. La explicación es clara: se trata de un problema fundamentalmente político, y mientras los intereses que se apoyan en ciertas relaciones de propiedad agraria ocupen un importante puesto en la estructura socio-económica del país, la tan cacareada reforma agraria no vendrá. Nadie se autosuicida en esta materia: hay que suicidarlo como dicen los mejicanos. La única tentativa seria de reforma agraria impuesta desde el poder se dio en 1932 con la ley del 15 de Septiembre. Y ya entonces el texto aprobado fue mucho más 'blando' en relación con el proyecto presentado, gracias a la feliz actuación de los diputados 'agrarios' en el Parlamento. Por otra parte, respetando los derechos de los propietarios, para la realización del inventario de propiedades se señalaron plazos a fin de que aquéllos pudieran hacer comparecencias, reclamaciones y recursos de alzada.

Cuadernos para el diálogo (España),
julio de 1968

1 traído y llevado: *hackneyed*. 3 candente: *red-hot*. 3 polémicas: *disputes*. 9 se autosuicida: se presta a deshacerse de sus propios bienes. 10 suicidarlo: obligar al propietario a repartir la tierra como hicieron los mexicanos en la revolución de 1910. 10 mejicanos: en España se escribe a menudo con 'j'. 11 desde el poder: por un gobierno. 15 'agrarios': los que parecían reclamar la reforma. 18 aquéllos: es decir, los propietarios. 19 recursos de alzada: *appeals for compensation*.

[115]

Mirando hacia atrás sin ira es muy fácil descubrir las complejas maldiciones sociales que siempre han pesado sobre el actor y aun sobre el hecho teatral. El mundo tiene 'su orden' y, en principio, el actor lo subvierte, tanto desde la escena como en su vida privada. El actor viaja más que nadie – pensemos en la significación e importancia histórica del nomadismo de los actores en las viejas épocas en que casi nadie viajaba –, no acepta el orden familiar tradicional, vive a otras horas, se margina y aparta de una serie de convenciones respetables. Y, en el escenario propone nuevos signos, da nuevas soluciones a los problemas, pasa de rey a criado, llora o ríe en público. El actor ha sido, en suma, un elemento magníficamente perturbador y estimulante.

Por eso no hubo actores profesionales dentro del orden del Medievo. Por eso los maldijo y persiguió la Iglesia medieval. Por eso, a través de los siglos, han sido mirados con recelo, y en Madrid, hace un par de años al menos, había un colegio que no aceptaba a los hijos de los actores.

Aristóteles, en su *Arte Poética*, decía que la 'perspectiva' y la 'música' eran los últimos elementos de la tragedia. Para él, en realidad, la tragedia era una obra de los poetas, de los escritores, y el arte de representar correspondía a un estadio posterior. Aristóteles no se ocupa para nada de los actores. Y la escenografía – la perspectiva, como el dice – cumple una función de adorno. 'La perspectiva es, sin duda, de gran recreo a la vista, pero la de menos estudio y menos propia de la poética, puesto que la tragedia tiene un mérito aun fuera del espectáculo y de los farsantes. Además que el aparato de la escena, es obra más bien del arte del maquinista, que no de los poetas'.

Esta subvaloración del 'hecho teatral', de los elementos derivados de la representación, ha tenido, a través de los siglos, un carácter socio-político muy claro. Poner al autor por encima del actor implicaba: (1) Dado que la expresión literaria ha sido – y aún es – propia de clases ilustradas, es decir, bien situadas, es decir, conservadoras, el magnificar al autor equivalía a retener la creación teatral dentro de los términos de clase. (2) Por la misma razón, los destinatarios de un teatro literario eran solamente los miembros de esa clase. (3) La sobrevaloración del texto permitía – permite – asimismo el control del hecho teatral, el dominio *a priori* de lo que va a suceder. Reducido el hecho teatral a la 'puesta en pie' de un texto, el examen de ese texto, su aprobación o censura, permiten convertir el teatro en una actividad domeñada.

Frente a esto, la potenciación de la expresión corporal, de la proyección personal de los actores, de la capacidad creadora del director y del escenógrafo, abre no sólo un margen de 'imprevisión', sino que entraña una comunicación más total con cualquier tipo de espectadores. Los del Bululú aseguran, tras montar su programa Brecht en nuestro

Nacional de Cámara, que la 'expresión corporal' es el lenguaje del Teatro Popular. Su opinión encaja perfectamente en mi argumentación. Si aquí no hemos participado de los movimientos teatrales encaminados a valorar la capacidad 'creadora' del hecho escénico es, llanamente, porque nuestro teatro ha sido reaccionario y clasista.

Triunfo (España), 23 – III – 68

1 Mirando hacia atrás sin ira: juego de palabras a base de *Mirando hacia atrás con ira*, título español de una obra del dramaturgo inglés John Osborne. 9 se margina: se mantiene al margen. 23 para nada: de ninguna manera. 24 escenografía: arte y estudio de las decoraciones escénicas. 28 farsantes: actores. 30 maquinista: *stage-hand*. 30 que no: *and not*. 31 subvaloración: *underestimation*. 41 a priori (latín): desde antes de comenzar. 43 'puesta en pie': representación. 46 potenciación: la puesta en la práctica. 49 'imprevisión': lo imprevisto. 50 Bululú: compañía que ha tomado como nombre el de ciertos farsantes antiguos. 52 Nacional de Cámara: Teatro Nacional de Cámara. 57 clasista: portavoz de la clase social dominante.

[116]

En nuestro afán por conocer las medidas que el Ayuntamiento ha tomado o tomará algún día para cortar el estrépito que se va apoderando de Madrid, hemos descubierto dos cosas: no funciona la inspección contra los ruidosos y no se cuenta, en la práctica, con un sistema eficaz y rápido para poner coto a los ruidos. Pero parece que se está estudiando una fórmula técnica a tal respecto. Si de ese estudio se obtienen resultados positivos, este año, o el que viene, o después, es cosa que escapa a lo previsible. 'Algún día se resolverá el problema.' Intentamos obtener mejor información en la Tenencia de Alcaldía y en la Jefatura de Tráfico. No es tan fácil . . .

– ¿Tantas dificultades presenta el asunto? ¿No es cuestión de unas multas oportunamente impuestas?

– Se ponen multas y no se descuida el problema. Se había logrado contener a los ruidosos; pero ahora vuelven por sus fueros.

Esta respuesta la obtuvimos en el Ayuntamiento de persona que rehuye el responsabilizarse:

– Técnicos tiene el asunto y ellos son los que deben responder a sus preguntas. Los periodistas están armando demasiado ruido en torno a los ruidos de Madrid.

– ¿Dónde están esos técnicos?

– Otras ciudades, como Roma, París y Londres, padecen las molestias de la mecanización . . .

– Perdón; preguntaba por los técnicos.

– Eso es de cajón, hombre. Vaya usted a Tráfico.

De la gran casa municipal, a Tráfico; de Tráfico, otra vez a la casa municipal. Y vuelta a empezar. No es tan fácil; no es tan fácil.

El famoso 'bando del silencio' tiene tres adversarios importantes y contumaces: los motocarros, las motocicletas y los altavoces. Esta vez, la información procede de una sección técnica de Tráfico.

– Está bien claro que se ha ordenado que los motocarros y las motocicletas lleven silenciador.

– ¿Y lo llevan?

– En mayor número de lo que parece. Mas por culpa de los irreductibles pagan los más obedientes.

– ¿Y las multas?

– Se ponen, se ponen . . ., pero no basta.

– No basta, ¿qué?

– La medida de las multas como se viene aplicando hasta ahora.

– ¡Ah!

Parece ser que las multas llevan, como es natural, su trámite. Un trámite largo; a veces perezoso, a veces infructuoso. ¿Por qué? Pues porque el servicio de inspección no funciona en ese sentido. Hemos recogido la impresión de que resulta más goloso imponer multas por aparcamientos indebidos.

Semana (España), 30 – VII – 63

9 escapa a lo previsible: no puede preverse. 11 Tenencia de Alcaldía: *deputy mayor's office.* 16 vuelven por sus fueros: *they are standing up for their rights, i.e. going back to their old tricks.* 19 rehuye el responsabilizarse: no quiere ser considerado como responsable del asunto. 27 Eso es de cajón: es evidente. 29 Y vuelta a empezar: *And all over again.* 31 bando: zona. 39 irreductibles: *incorrigible offenders.* 50 goloso: atrayente.

[117]

Hace cinco años, cuando el Gobernador decidió expulsar a Larsen (o Juntacadáveres) de la provincia, alguien profetizó, en broma e improvisando, su retorno, la prolongación del reinado de cien días, página discutida y apasionante – aunque ya casi olvidada – de nuestra historia ciudadana. Pocos lo oyeron y es seguro que el mismo Larsen, enfermo entonces por la derrota, escoltado por la policía, olvidó en seguida la frase, renunció a toda esperanza que se vinculara con su regreso a nosotros.

De todos modos, cinco años después de la clausura de aquella anécdota, Larsen bajó una mañana en la parada de los omnibuses que llegan de Colón, puso un momento la valija en el suelo para estirar hacia los nudillos los puños de seda de la camisa, y empezó a entrar en Santa María, poco después de terminar la lluvia, lento y balanceándose, tal vez más gordo, más bajo, confundible y domado en apariencia.

Tomó el aperitivo en el mostrador del Berna, persiguiendo calmoso los ojos del patrón hasta obtener un silencioso reconocimiento. Almorzó allí, solitario y rodeado por las camisas a cuadros de las camioneros. (Ahora éstos disputaban al ferrocarril las cargas hasta el Rosario y los pueblos litorales del norte; parecían haber sido paridos así, robustos, veinteañeros, gritones y sin pasado, junto con el camino de macadam inaugurado unos meses atrás.) Se cambió después a una mesa próxima a la puerta y a la ventana para tomar el café con gotas.

Son muchos los que aseguran haberlo visto en aquel mediodía de fines de otoño. Algunos insisten en su actitud de resucitado, en los modos con que, exageradamente, casi en caricatura, intentó reproducir la pereza, la ironía, el atenuado desdén de las posturas y las expresiones de cinco años antes; recuerdan su afán por ser descubierto e identificado, el par de dedos ansioso, listo para subir hasta el ala del sombrero frente a cualquier síntoma de saludo, a cualquier ojo que insinuara la sorpresa del reencuentro. Otros, al revés, siguen viéndolo apático y procaz, acodado en la mesa, el cigarrillo en la boca, paralelo a la humedad de la avenida Artigas, mirando las caras que entraban, sin otro propósito que la contabilidad sentimental de lealtades y desvíos; registrando unas y otras con la misma fácil, breve sonrisa, con las contracciones involuntarias de la boca.

Pagó el almuerzo, con la exagerada propina de siempre, reconquistó su pieza en la pensión de encima del Berna y después de la siesta, más verdadero, menos notable por haberse aliviado de la valija, se puso a recorrer Santa María, pesado, taconeando sin oírse, paseando ante la gente y puertas y vidrieras de comercios su aire de forastero incurioso. Caminó sobre los cuatro costados y las dos diagonales de la plaza como si estuviera resolviendo el problema de ir desde A hasta B, empleando todos los senderos y sin pisar sus pasos anteriores; fue y volvió frente a la verja negra, recién pintada, de la iglesia; entró en la botica que seguía siendo de Barthé – más lento que nunca, más característico, más alerta – para pesarse, comprar jabón y dentífrico, contemplar como a la imprevista foto de un amigo el cartel que anunciaba: 'El farmacéutico estará ausente hasta las 17'.

Juan Carlos Onetti (Uruguay): *El astillero*
(Compañía General Fabril Editora, 1961)

2 Juntacadáveres: su alias. 22 Rosario: puerto del Uruguay. 24 veinteañeros: teniendo veinte años. 24 gritones: que gritaban. 27 gotas: es decir, de coñac u otro licor. 37 al revés: al contrario. 39 avenida Artigas: calle de Montevideo. 40 la contabilidad sentimental de lealtades y desvíos: llevar la cuenta de los que seguían considerándose sus amigos y de los que habían dejado de serlo. 54 seguía siendo de Barthé: todavía le pertenecía a Barthé. 58 las 17: las 17 horas, las cinco de la tarde.

[118]

Un 'quinqui' ha resultado muerto por la Policía Armada y otro gravemente herido, en la calle del Hierro, de Madrid.

El muerto se llama Emilio López González, de 47 años, y el lesionado grave, Jesús López Ginés, de 22 años, que ha sido detenido y que ha quedado internado, bajo vigilancia, en el equipo quirúrgico.

También fue detenido otro 'quinqui', Cristóbal Silvio González, al que la Policía le ocupó una navaja de grandes dimensiones, de las llamadas albaceteñas, una aguja de las de coser sacos y una linterna.

Los hechos ocurrieron en la noche del viernes. Hacia las diez de la noche, un coche radio patrulla de la Policía acudió a la calle del Hierro, al recibir el aviso de que un grupo de individuos estaban robando en unos almacenes.

Al verse sorprendidos estos individuos se enfrentaron con la dotación del coche radio patrulla, integrada por inspectores del Cuerpo General de Policía Armada. Uno de los individuos disparó contra la Policía y se dio inmediatamente a la fuga por las malezas y descampados que existen en aquella zona. Otros dos individuos trataron de agredir con arma blanca a uno de los policías armados. Ante esta agresión, la fuerza pública hizo uso de sus armas resultando muerto Emilio López González, que esgrimía un puñal o cuchillo de monte con el que trató de agredir a la Policía Armada, y con lesiones graves Jesús López Ginés.

Al recoger a los heridos, la Policía encontró junto a ellos una bolsa con dieciocho cartuchos para escopeta del calibre 20, un cartucho de pistola y 191 pesetas.

No ha podido ser detenido hasta ahora el otro individuo que formaba parte del grupo y que tras disparar contra la Policía se dio a la fuga. Parece que utilizó una escopeta para esta agresión. Los tres individuos citados tienen antecedentes muy desfavorables, por delitos contra la propiedad y agresiones, informan en la Dirección General de Seguridad. Están conceptuados como individuos peligrosos, de los policialmente calificados como 'quinquis'; se encuentran reclamados por diversas autoridades judiciales.

Se sabe que por la zona donde se encontraban se venían cometiendo hurtos y robos en los pasados días. Formaban parte de una peligrosísima banda de 'quinquis', dedicada a toda clase de desmanes.

Los detenidos han sido puestos a disposición de la autoridad judicial militar.

Sur (España), 17 – VIII – 69

1 'quinqui': maleante. 1 Policía Armada: en España existen los cuerpos de Policía Armada, de Tráfico, y el de la Policía Guber-

nativa, además de la Guardia Civil. 6 equipo: *unit*. 8 ocupó: quitó. 9 albaceteñas: por ser fabricadas principalmente en la ciudad de Albacete; navaja de empuñadura curva y puntiaguda. 16 integrada: formada. 24 cuchillo de monte: *hunting knife*. 32 antecedentes: *criminal records*. 34 Dirección General de Seguridad: *police headquarters*. 36 policialmente: por la policía. 36 'quinqui': el sentido original de la palabra era 'calderero'. 43 autoridad judicial militar: la que en España entiende en esta clase de delitos.

[119]

DECÁLOGO DEL PERFECTO CUENTISTA

I

Cree en un maestro – Poe, Maupassant, Kipling, Chejov – como en Dios mismo.

II

Cree que su arte es una cima inaccesible. No sueñes en dominarla. Cuando puedas hacerlo, lo conseguirás sin saberlo tú mismo.

III

Resiste cuanto puedas a la imitación, pero imita si el influjo es demasiado fuerte. Más que ninguna otra cosa, el desarrollo de la personalidad es una larga paciencia.

IV

Ten fe ciega no en tu capacidad para el triunfo, sino en el ardor con que lo deseas. Ama a tu arte como a tu novia, dándole todo tu corazón.

V

No empieces a escribir sin saber desde la primera palabra adónde vas. En un cuento bien logrado, las tres primeras líneas tienen casi la importancia de las tres últimas.

VI

Si quieres expresar con exactitud esta circunstancia: 'Desde el río soplaba un viento frío', no hay en lengua humana más palabras que las apuntadas para expresarla. Una vez dueño de tus palabras, no te preocupes de observar si son entre sí consonantes o asonantes.

VII

No adjetives sin necesidad. Inútiles serán cuantas colas de color adhieras a un sustantivo débil. Si hallas el que es preciso, él sólo tendrá un color incomparable. Pero hay que hallarlo.

VIII

Toma a tus personajes de la mano y llévalos firmemente hasta el final, sin ver otra cosa que el camino que les trazaste. No te distraigas viendo tú lo que ellos no pueden o no les importa ver. No abuses del lector. Un cuento es una novela depurada de ripios. Ten esto por una verdad absoluta, aunque no lo sea.

IX

No escribas bajo el imperio de la emoción. Déjala morir, y evócala luego. Si eres capaz entonces de revivirla tal cual fue, has llegado en arte a la mitad del camino.

X

No pienses en tus amigos, al escribir, ni en la impresión que hará tu historia. Cuenta como si tu relato no tuviera interés más que para el pequeño ambiente de tus personajes, de los que pudiste haber sido uno. No de otro modo se obtiene la *vida* en el cuento.

Horacio Quiroga (Uruguay):
Cuentos escogidos (Aguilar, 1958)

Compuesto por el cuentista uruguayo Horacio Quiroga. Véase el texto siguiente. Decálogo: los diez mandamientos. 17 las apuntadas: las que acabo de escribir. 20 no adjetives: no abuses de los adjetivos. 21 sustantivo: *noun*. 31 tal cual: *exactly as*.

[120]

A LA DERIVA

El hombre pisó algo blanduzco, y en seguida sintió la mordedura en el pie. Saltó adelante, y al volverse con un juramento, vio a una yararacusú que, arrollada sobre sí misma, esperaba otro ataque.

El hombre echó una veloz ojeada a su pie, donde dos gotitas de sangre engrosaban dificultosamente, y sacó el machete de la cintura. La víbora vio la amenaza y hundió más la cabeza en el centro mismo de su espiral; pero el machete cayó de plano, dislocándole las vértebras.

El hombre se bajó hasta la mordedura, quitó las gotitas de sangre y durante un instante contempló. Un dolor agudo nacía de los dos puntitos violeta y comenzaba a invadir todo el pie. Apresuradamente se ligó el tobillo con su pañuelo y siguió por la picada hacia su rancho.

El dolor en el pie aumentaba, con sensación de tirante abultamiento, y de pronto el hombre sintió dos o tres fulgurantes puntadas que, como relámpagos, habían irradiado desde la herida hasta la mitad de la pantorrilla. Movía la pierna con dificultad; una metálica sequedad de garganta, seguida de sed quemante, le arrancó un nuevo juramento.

Llegó por fin al rancho y se echó de brazos sobre la rueda de un trapiche. Los dos puntitos violeta desaparecían ahora en una monstruosa hinchazón del pie entero. La piel parecía adelgazada y a punto de ceder, de tersa. Quiso llamar a su mujer, y la voz se quebró en un ronco arrastre de garganta reseca. La sed lo devoraba.

– ¡Dorotea! – alcanzó a lanzar en un estertor –. ¡Dame caña!

Sa mujer corrió con un vaso lleno, que el hombre sorbió en tres tragos. Pero no había sentido gusto alguno.

– ¡Te pedí caña, no agua! – rugió de nuevo –. ¡Dame caña!

– ¡Pero es caña, Paulino! – protestó la mujer, espantada.

– ¡No, me diste agua! ¡Quiero caña, te digo!

La mujer corrió otra vez, volviendo con la damajuana. El hombre tragó uno tras otro dos vasos, pero no sintió nada en la garganta.

– Bueno, esto se pone feo – murmuró entonces, mirando su pie, lívido y con lustre gangrenoso.

Sobre la honda ligadura del pañuelo la carne desbordaba como una monstruosa morcilla.

Los dolores fulgurantes se sucedían en continuos relampagueos y llegaban ahora hasta la ingle. La atroz sequedad de garganta, que el aliento parecía caldear más, aumentaba a la par. Cuando pretendió incorporarse un fulminante vómito lo mantuvo medio minuto con la frente apoyada en la rueda de palo.

Pero el hombre no quería morir, y descendiendo hasta la costa subió a su canoa. Sentóse en la popa y comenzó a palear hasta el centro del Paraná. Allí la corriente del río, que en las inmediaciones del Iguazú corre seis millas, lo llevaría antes de cinco horas a Tacurú-Pacú.

El hombre, con sombría energía, pudo efectivamente llegar hasta el medio del río; pero allí sus manos dormidas dejaron caer la pala en la canoa y tras un nuevo vómito – de sangre esta vez – dirigió una mirada al sol, que ya transponía el monte.

La pierna entera, hasta medio muslo, era ya un bloque deforme y durísimo que reventaba la ropa. El hombre cortó la ligadura y abrió el pantalón con su cuchillo: el bajo vientre desbordó hinchado, con grandes manchas lívidas y terriblemente doloroso. El hombre pensó que no podría jamás llegar él solo a Tacurú-Pacú y se decidió a pedir ayuda a su compadre Alves, aunque hacía mucho tiempo que estaban disgustados.

La corriente del río se precipitaba ahora hacia la costa brasileña, y el hombre pudo fácilmente atracar. Se arrastró por la picada en cuesta arriba; pero a los veinte metros, exhausto, quedó tendido de pecho.

– ¡Alves! – gritó con cuanta fuerza pudo; y prestó oído en vano.

– ¡Compadre Alves! ¡No me niegue este favor! – clamó de nuevo, alzando la cabeza del suelo.

En el silencio de la selva no se oyó un solo rumor. El hombre tuvo aún valor para llegar hasta su canoa, y la corriente, cogiéndola de nuevo, la llevó velozmente a la deriva.

El Paraná corre allí en el fondo de una inmensa boya, cuyas paredes, altas, de cien metros, encajonan fúnebremente el río. Desde las orillas, bordeadas de negros bloques de basalto, asciende el bosque, negro también. Adelante, a los costados, detrás, la eterna muralla lúgubre, en cuyo fondo el río arremolinado se precipita en incesantes borbollones de agua fangosa. El paisaje es agresivo y reina en él un silencio de muerte. Al atardecer, sin embargo, su belleza sombría y calma cobra una majestad única.

El sol había caído ya, cuando el hombre, semitendido en el fondo de la canoa, tuvo un violento escalofrío. Y de pronto, con asombro, enderezó pesadamente la cabeza: se sentía mejor. La pierna le dolía apenas, la sed disminuía, y su pecho, libre ya, se abría en lenta inspiración.

El veneno comenzaba a irse, no había duda. Se hallaba casi bien, y aunque no tenía fuerzas para mover la mano, contaba con la caída del rocío para reponerse del todo.

Calculó que antes de tres horas estaría en Tacurú-Pacú.

El bienestar avanzaba, y con él una somnolencia llena de recuerdos. No sentía ya nada ni en la pierna ni en el vientre. ¿Viviría aún su compadre Gaona en Tacurú-Pacú? Acaso viera también a su ex patrón míster Dougald y al recibidor del obraje.

¿Llegaría pronto? El cielo, al poniente, se abría ahora en pantalla de oro, y el río se había coloreado también. Desde la costa paraguaya, ya entenebrecida, el monte dejaba caer sobre el río su frescura crepuscular en penetrantes efluvios de azahar y miel silvestre. Una pareja de guacamayos cruzó muy alto y en silencio hacia el Paraguay.

Allá abajo, sobre el río de oro, la canoa derivaba velozmente, girando a ratos sobre sí misma, ante el borbollón de un remolino. El hombre que iba en ella se sentía cada vez mejor, y pensaba entre tanto en el tiempo justo que había pasado sin ver a su ex patrón Dougald. ¿Tres años? Tal vez no, no tanto. ¿Dos años y nueve meses? Acaso. ¿Ocho meses y medio? Eso sí, seguramente.

De pronto sintió que estaba helado hasta el pecho. ¿Qué sería? Y la respiración también . . .

Al recibidor de maderas de míster Dougald, Lorenzo Cubilla, lo había conocido en Puerto Esperanza un Viernes Santo . . . ¿Viernes? Sí, o jueves . . .

El hombre estiró lentamente los dedos de la mano.

– Un jueves . . .

Y cesó de respirar.

Horacio Quiroga (Uruguay):
Cuentos escogidos (Aguilar, 1958)

1 blanduzco: un poco blando. 3 yararacusú (Río de la Plata): serpiente venenosa de la misma familia que las culebras de cascabel, pero sin cascabel. 24 de tersa: por estar tan tersa. 26 reseca: muy seca. 28 caña: licor elaborado a base de la caña de azúcar. 50 palear: *to paddle*. 50 el Paraná: río de la América del Sur. 51 Iguazú:

nombre de un río y de un conjunto de cataratas situadas donde se encuentran las fronteras del Brasil, de la Argentina y del Paraguay. 55 la pala: *paddle*. 69 de pecho: de bruces. 78 boya: cañón. 87 semitendido: a mitad tendido. 100 obraje (Río de la Plata): productos que los habitantes de una región llevan a un centro donde se organiza su venta. 104 efluvio: *effluvium*.

[121]

Castilla impuso en la constitución de su lenguaje las normas de su espíritu social. La palabra en el castellano es un elemento individual de la oración, en subordinación natural a la comunidad, pero manteniendo cada palabra su individualidad y su personalidad. El genio de Castilla supo forjar esta difícil armonía de la palabra, que, siendo subordinada, mantenía a la vez su integridad individual. La palabra castellana no abdica de ninguna de sus virtudes y de sus rasgos. Mientras otras lenguas han roto este equilibrio, haciendo de la palabra un elemento borroso de fusión, con elisiones de apóstrofos y con apócopes de sus pronombres, el castellano ha defendido los derechos del más humilde elemento, y cada palabra ha de guardar su plena integridad física para servir sin confusión como elemento intercambiable. La inevitable fricción de fonética sintáctica que la lengua conversacional impone, pronunciando *lastucia*, *tespero*, *mimporta*, no la ha tolerado como sistema, sino sólo como libertad de la intimidad, y ha impuesto su escritura sin falla, y su lengua enfática, como modelo salvador de una perennidad de formas, que se ve amenazada en otros idiomas cultos. Haríamos grave traición al castellano si tolerásemos que una lengua de esencial empaque e integridad y limpieza degenerase en esa habla atropellada y confusa que va invadiendo hasta nuestro teatro. En este gran problema de la personalidad de las palabras, de capital importancia en los idiomas, el español ha sabido colocarse entre los más perfectos. Entre los balbuceos medievales, el castellano impuso el criterio de estricta conservación o restauración de las palabras carcomidas e inseguras, y labró estos sillares, perfectamente distinguibles, de proporciones ponderadas, sin moles ciclópeas ni menudos cascotes, sino proporcionados, como fábrica de mansión señorial, que desafiará los siglos. Con un sentido de alta política lingüística, Castilla dio con el tipo que da virtud y perennidad a los idiomas, que es la neta personalidad de cada palabra; y por eso el español es, entre los idiomas, el que resalta por su virtud vital como maravillosamente difundible y por su resistencia física como tipo de lengua inmortal.

Vicente García de Diego (España):
Lecciones de lingüística española (Gredos, 1966)

11 apócopes: supresión de una o más letras al fin de una palabra. 16 *lastucia, tespero, mimporta*: la astucia, te espero, me importa. 22 empaque: *vigour*. 31 ciclópeas: gigantescas. 31 cascotes: *debris, rubble*. 35 neta: nítida.

[122]

Don Manuel Vidrié. Clavó muy bien sus primeros rejones y no le escatimaron los aplausos, ni mucho menos. Exhibió unas jacas jacarandosas, con perfecta doma. Muy bien banderilleado, tanto con las normales como con las reducidas de tamaño. Aplausos y música. El rejón de muerte lo enterró dos veces en los rubios. El caballito se puso de rodillas mientras al caballero le ovacionaban con calor. Pie a tierra, lo descabelló al segundo empujón. Le concedieron una oreja y dio la vuelta al anillo, entre aclamaciones.

Dámaso Gómez. 'Animador', negro, al que lo recibió en crudo con un farol de rodillas, para proseguir, ya de pie, con una tanda de buenas verónicas. Entraba a los caballos dando saltitos, pero con buen estilo y acometida. Gran quite del maestro, capote a la espalda. Nos brindó su faena, que tuvo, como feliz entremés, una serie de naturales estupendos y a continuación otra mejor. (Olés y música.) Por el lado derecho aún enceló al toro más obediente al engaño. (Muchas palmas.) Admiramos en Dámaso su quietud y mando. Pases de rodillas, sin nerviosismos y con arte y bizarría, y como mató de una estocada delantera y descabelló a la segunda lo tumbó para siempre. Ni que decir tiene que le concedieron una oreja y dio la vuelta al platillo.

Santiago Calvo, 'Luguillano'. 'Tonillero', castaño. Buenos lances y copiosos aplausos. El bicho inquietó a los montados, y a nosotros nos pareció que le inflingieron demasiado castigo. Llegó, a pesar de ello, 'pronto' a la muleta, y después de andarle por el ruedo se centró con él, aunque 'Tonillero' le hizo unos desagradables extraños. Lo muleteó muy bien. (Ovaciones y música.) Naturales y otros muletazos notables, sin omitir las manoletinas. Un pinchazo, media y descabello al segundo repique. (Aplausos y vuelta al ruedo.)

La vanguardia española, 8 – IX – 67

1 Don Manuel Vidrié: rejoneador; es decir, torero a caballo. 3 jacarandosas: *spirited*. 3 doma: dominio. 3 Muy bien banderilleado: puso muy bien las banderillas. 4 las reducidas de tamaño: las banderillas cortas, más difíciles de poner. 6 los rubios: *withers*. 8 lo descabelló: lo remató hiriéndole en la cerviz. 9 una oreja: para galardonar su actuación. Como mayor recompensa pueden otorgarse las dos orejas, y también el rabo, cortados al toro. 10 Dámaso Gómez: torero de a pie. 10 'Animador': nombre del toro. 11 en crudo: inmediatamente al salir el toro del toril. 11 farol: pase que consiste en recibir al toro con la capa extendida y luego pasarla en redondo sobre la cabeza. 12 tanda: serie. 12 verónicas:

el pase más clásico. 12 Entraba a los caballos: El toro embestía a los caballos de los picadores. 13 quite: serie de pases para librar al caballo del toro. 14 Nos brindó su faena: *He dedicated his 'faena' to the crowd.* La faena consiste en la actuación del matador con la muleta inmediatamente antes de matar al toro. 15 naturales: pases que se hacen teniendo la muleta en la mano izquierda. 16 a continuación: inmediatamente después. 16 música: la banda de música suele tocar durante faenas buenas. 16 Por el lado derecho: Cuando manejaba la muleta con la mano derecha. 17 enceló al toro al engaño: hizo que el toro acudiera de buena gana a la muleta. 20 delantera: en la parte delantera de los rubios. 22 platillo: ruedo. 23 'Luguillano': apodo de Santiago Calvo. 23 'Tonillero': nombre del toro. 27 después de andarle por el ruedo: después de que el matador hubo toreado al toro en diferentes partes del ruedo. 27 se centró: fue al centro. 28 extraños (tauromaquia): sustos. 30 muletazos: pases de muleta. 30 manoletinas: pase inventado por el matador Manolete, que consiste en tener la muleta a espaldas y luego pasarla por encima de la cabeza del toro al embestir éste. 31 pinchazo: estocada en la que penetra sólo la punta de la espada. 31 media: media estocada, penetrando sólo la mitad de la hoja. 31 repique: toque de clarín que avisa al matador que está terminando el plazo que se le permite para matar al toro.

[123]

Pero hablaba del Español . . . Antonia Mercé, nuestra mejor bailarina de todos los tiempos; Vicente Escudero, el bailarín de más raza y planta . . . 'Candelas', 'Carmelo' . . . Los gritos ahogaban siempre los aplausos. Los que premiaban a la 'Argentina' su 'Danza del fuego' interrumpían durante varios minutos la representación. Quedaba ella, en el suelo, inmóvil, luego del derroche de energías hechas lumbre – y el símil no lo deriva el título del fragmento, sino la intérprete misma – en los brazos, en los pies, en la mirada. Salía entonces Pastora Imperio a bailar su 'Canción del fuego fatuo'. ¿He de referirme a la majestad de sus actitudes, a la fuerza de su arte? Se la ovacionaba todas las noches con júbilo. Pero una de ellas, la cuarta, si la memoria no falla, Pastora se puso a bailar. ¿Cómo? ¿Y quién podría describirlo? En puro trance, en el genial trance de crear, de inventar allí mismo sus gestos, sus actitudes, sus quiebros, sus matices y esguinces; en el prodigioso despliegue de su gracia y simpatía únicas; en lección de peregrina espontaneidad de cómo unos brazos, unas muñecas, unas manos, unos dedos, pueden multiplicarse, mientras ríen los ojos y el cuerpo conserva la planta señorial, la dignidad invariable, el garbo que da la raza. De pronto, vimos a la Mercé que se incorporaba, para seguir en detalle todo el curso que a su lado explicaban. Cuando Pastora concluyó, el primer ¡ole! y el primer aplauso de felicitación fue de su compañera que, por gran artista, no podía mantenerse insensible ante las maravillas que allí mismo, para su asombro, se produjeran.

Que este simple reflejo, de una impresión tantas veces evocada en la intimidad, sea como humilde contribución de homenaje en la vuelta de Pastora. No la he aplaudido aún. Pero estoy cierto de que en su espíritu de artista los años no han hecho mella, y de que, cuando se lo proponga, sabrá encender, sólo con la actitud o con el movimiento mínimo de su mano, un rosario de piropos, y de que, en fin, dentro de muchos cursos, podrá repetir, como la 'Malena', en Sevilla, octogeneria ya: '¡Estoy "mu" trabajaíta!', con lágrimas de ilusión al ver que, 'trabajaíta' y 'to' sigue siendo reina del baile español.

ABC (España), 19 – 1 – 57

1 Español: teatro de este nombre. 3 raza: autenticidad. 3 planta: aspecto. 3 'Candelas', 'Carmelo': personajes de *El amor brujo*, ballet de Manuel de Falla estrenado en 1915. Véase también el texto número 49. 5 la 'Argentina': apodo de Antonia Mercé. 16 quiebros: *swaying from the waist*. 22 De pronto: De repente. 27 se produjeran: se habían producido. 35 la 'Malena': bailadora

célebre. 36 'mu trabajaíta' (pronunciación andaluza): muy trabajadita. 37 y 'to' (pronunciación andaluza): y todo, es decir, aunque trabajada.

[124]

En las cuestas, patios y portales recién regados, inauguran la diaria tertulia vecinal en la que se da mil vueltas a los temas de siempre y a la vida y milagros de los habitantes del barrio, amén del comentario a los programas televisivos y los seriales radiados. Las sillas de anea brindan reposo a los cansados cuerpos que buscan, tras el calor agobiante de la jornada el fresco de la penumbra florida. Cada patio, portal, bar o taberna, librería de ocasión, fontanería, panadería, platería o peluquería, son cátedras del casticismo granadino más depurado, expuesto en frases que ayer serían deleite y norma de los hermanos Álvarez Quintero para sus jugosos entremeses; hoy venero para el inagotable manantial literario de Alfonso Paso, tantas veces referido cariñosamente a tipos y lugares de la Granada que fue, evocadas en sus recuerdos y plasmados en sus artículos.

Cerca de nosotros, en una pequeña confitería, la dueña, gruesa y bonachona, oxea con un mosquero gitano de papeles de colorines, los dípteros que amenazan macular la blancura de los pasteles que se ofrecen tentadores a las miradas de un grupo infantil . . . En el escalón del portal de su casa, dos niñitas recién bañadas y peinadas, sentaditas y formales, comen pipas alfombrando el pavimento a su alrededor con el confetti de las cascarillas. Una tercera, mascando chicle se añade al dúo que contempla boquiabierto los 'globos' que hace la recién llegada. Las pipas quedan olvidadas y adivino la inmediata petición a mamá (que está cosiendo a la máquina en el patio), de sendas pesetas para emular a la vecinita.

Más arriba, el sonido del cristal y el olor a mariscos se confunde con una apasionada defensa de nuestra fiesta nacional. Chocan las fichas de dominó y, mezclados con los nombres de toreros y futbolistas, el de Urtain llega a mis oídos. . . . La heladería se halla muy concurrida y casi tan iluminada como refulgente de luz el escaparate del comercio de al lado, que ofrece a los novios un elegante dormitorio y una acogedora salita, de los que el encargado hace la apología a una joven pareja de aspecto modesto que contempla embelesada el mobiliario, calculando sus posibilidades adquisitivas . . . y el número de letras de cambio que habrán de firmar hasta cancelar la deuda de la compra de muebles, electrodomésticos, el consabido televisor, etc. El chico rodea con su brazo los hombros de la muchacha y se miran largamente, olvidados de todo lo que no sea su cariño y sus ilusiones. El vendedor, acostumbrado a estos 'lapsus', opta por examinar atentamente el tapizado de un sofá al que quita una imaginaria mota de polvo; luego continúa su perorata entre maderas recién barnizadas, lámparas, objetos de adorno y bruñidos metales.

Ideal (España), 17 – VIII – 69

2 vecinal: entre los vecinos. 8 fontanería: tienda de equipos de fontanería. 9 casticismo granadino: la auténtica tradición de Granada. 11 Álvarez Quintero: autores que vivieron durante la última parte del siglo pasado y la primera de éste. Escribieron dramas, comedias, sainetes y zarzuelas. 13 Alfonso Paso: dramaturgo nacido en Granada en 1926. 18 colorines: colores vivos. 18 dípteros: insectos. 18 macular: manchar. 21 formales: *well-behaved*. 22 pipas: pepitas, o semillas de girasoles. 23 cascarillas: cáscaras. 29 nuestra fiesta nacional: la corrida de toros. 31 Urtain: célebre boxeador español. 33 refulgente: resplandeciente. 34 dormitorio, salita: se trata de los muebles propios de estas habitaciones. 37 posibilidades adquisitivas: *purchasing power*. 40. electrodomésticos: *household appliances*. 44 'lapsus' (latín): lapsos. 46 perorata: peroración.

[125]

Trataré de plantear aquí un punto fundamental de la arquitectura: su aspecto *total*. La similitud de su esencia con la del hombre me ayudará para ello.

El hombre *es* y el hombre *parece*. Efectivamente, ¿existe una vida que valga, equilibrada y creadora, en el 'ser' solo? ¿Es posible concebir una vida enteramente concentrada en el fuero interno del hombre, sin gestos, ni sonidos que la manifiesten? ¿Pero podemos imaginar, por otra parte, una existencia que no fuera más que apariencia, movimiento y palabras, sin participación alguna del orden interior? Estos dos tipos-antípodas de hombres son imposibles. Si existieran, serían monstruosos.

Claro está, una casa, un hospital, una fábrica, un templo, no son seres vivos. Pero son su prolongación, tanto en el sentido físico como en el espiritual. Ellos también *son* y *parecen*. Como en el hombre, el límite entre estos dos aspectos se borra o, más bien, no existe. El hombre normal es uno e indivisible: la arquitectura, su creación más directa y total, debe por lo tanto ser una e indivisible.

Y sin embargo, a lo largo de mi propia 'aventura' arquitectónica, pienso y vuelvo a pensar en lo siguiente: ¿se puede hacer arquitectura válida con sólo resolver las fachadas o, por lo contrario, hasta un funcionamiento interno bien logrado? Pensamiento absurdo, sin duda. Pero son algunas opiniones expresadas y varias obras realizadas las que me obligan a preguntarme por lo menos ¿es que en arquitectura una cosa importa más que la otra?

Un arquitecto, célebre y admirado, pretende con sinceridad y algo de cinismo, que en arquitectura sólo cuentan las apariencias. ¿Qué nos importa – dice – lo que pasa detrás de las fachadas? ¿Y qué ganamos con saber que edificios que no nos dicen nada funcionan de maravilla?

Otros arquitectos – siempre menos numerosos, hay que reconocerlo –, pretenden que las funciones bien resueltas se expresan por sí mismas. Una ventana que ilumina bien debe ser bella; un techo que cubre con economía de medios un espacio dado satisface nuestros sentidos porque cumple bien su función. Es sabido que durante los tiempos 'heroicos' del funcionalismo se pretendía dejar aparentes todos los elementos que componen una construcción: estructura, plomería, ductos, etcétera. Éstos debían satisfacer nuestras necesidades espirituales de orden y de sinceridad y el goce estético debía derivar de allí. Por lo menos así decían ellos.

Pero dejemos aquí los extremos y sólo señalemos que numerosos arquitectos se preocupan mucho más por la apariencia, es decir, por lo que se *verá* de su trabajo, que por los resultados totales: cómo vivirán o trabajarán dentro sus ocupantes. Y es así como no faltan razones para forzar la verdad interior de la obra en provecho de lo que *luce* y hace hablar de nosotros.

Vladimir Kaspé (México), en *Revista de la Universidad de México*, junio de 1966

11 tipos-antípodas: tipos opuestos. 13 templo: iglesia. 20 'aventura' arquitectónica: vida profesional de arquitecto. 49 en provecho de: *for the sake of*, *for the benefit of*.

[126]

ALTURAS DE MACCHU PICCHU

VI

Entonces en la escala de la tierra he subido
entre la atroz maraña de las selvas perdidas
hasta ti, Macchu Picchu.

Alta ciudad de piedras escalares,
por fin morada del que lo terrestre
no escondió en las dormidas vestiduras.
En ti, como dos líneas paralelas,
la cuna del relámpago y del hombre
se mecían en un viento de espinas.

Madre de piedra, espuma de los cóndores.

Alto arrecife de la aurora humana.

Pala perdida en la primera arena.

Ésta fue la morada, éste es el sitio:
aquí los anchos granos del maíz ascendieron
y bajaron de nuevo como granizo rojo.

Aquí la hebra dorada salió de la vicuña
a vestir los amores, los túmulos, las madres,
el rey, las oraciones, los guerreros.

Aquí los pies del hombre descansaron de noche
junto a los pies del águila, en las altas guaridas
carniceras, y en la aurora
pisaron con los pies del trueno la niebla enrarecida,
y tocaron las tierras y las piedras
hasta reconocerlas en la noche o la muerte.

Miro las vestiduras y las manos,
el vestigio del agua en la oquedad sonora,
la pared suavizada por el tacto de un rostro
que miró con mis ojos las lámparas terrestres,
que aceitó con mis manos las desaparecidas
maderas: porque todo, ropaje, piel, vasijas,
palabras, vino, panes,
su fue, cayó a la tierra.

Y el aire entró con dedos
de azahar sobre todos los dormidos:

mil años de aire, meses, semanas de aire,
de viento azul, de cordillera férrea,
que fueron como suaves huracanes de pasos
lustrando el solitario recinto de la piedra.

Pablo Neruda (Chile): *Alturas de Macchu Picchu* (*Obras completas*, Losada, 1962)

Macchu Picchu: ruinas de la ciudad incaica de este nombre, descubiertas en el Perú en 1912 por el explorador norteamericano Hiram Bingham. 4 escalares: en forma de escalera. 16 vicuña: animal parecido a la llama.

[127]

– ¿Es cierto, Carlos, que en tu quehacer literario luchas como un boxeador con las palabras?

– Es verdad. No me gusta darle la mano a ninguna palabra, ni pedirle que tome asiento y conversar con ella. En la puerta misma me gusta agarrarla a bofetadas y ver como responde la rejega palabra. Debemos crear para las palabras una aduana artística: no dejarlas entrar con su acepción común y corriente. Las palabras esconden mucho más de lo que el uso diario les concede.

– Cuéntame la historia de tu lucha con las palabras.

– Crecí en un país de lengua inglesa, en una cultura pensada y vivida en inglés. Mi lucha continua por conservar el español fue una lucha que abarcó toda mi niñez. Fui un niño a punto de perder su idioma nativo cada veinticuatro horas. El idioma quería decir para mí nacionalidad: era un conjunto opresivo de significados sujetos siempre a lucha, a reconquista. El hecho de vivir en un país de lengua inglesa me hizo enfrentar este idioma – especie de caja de

Pandora – con el español, lengua rutinaria, anquilosada y feudal. Por estos motivos entendí el encuentro con las palabras como una especie de lucha libre. A partir de *Los días enmascarados* sentí la necesidad de luchar con las palabras castellanas, con esa literatura feudal, terrible que hemos heredado, tan orgullosa de sus caracteres prístinos, de su pureza, de su heráldica, de su envejecimiento. Tuve que enfrentar el español a un hecho evidente: que las palabras que lo integran no corresponden a la realidad múltiple que vivimos: se ha quedado atrás. Por ello es necesario agarrarse a bofetadas con las palabras, destriparlas, sacarles el jugo, transformarlas continuamente para encontrar la expresión justa de la realidad. El idioma es incapaz, pasivamente aceptado, de otorgarla por sí mismo.

Emmanuel Carballo (México): *Diecinueve protagonistas de la literatura mexicana del siglo XX* (Empresas Editoriales, 1965)

1 Carlos: se trata de una entrevista con el novelista mexicano Carlos Fuentes. Véase el texto siguiente. 6 rejega (Méx.): reacia. Suele decirse de los caballos. 11 un país de lengua inglesa: los Estados Unidos. 21 lucha libre: *all-in wrestling*. 21 *Los días enmascarados*: libro de cuentos que se publicó en 1954. 27 lo integran: lo constituyen.

[128]

Aceptarán tu testamento: la decencia que conquistaste para ellos, la decencia: le darán gracias al pelado Artemio Cruz porque los hizo gente respetable; le darán gracias porque no se conformó con vivir y morir en una choza de negros; le darán gracias porque salió a jugarse la vida: te justificarán porque ellos ya no tendrán tu justificación: ellos ya no podrán invocar las batallas y los jefes, como tú, y escudarse detrás de ellos para justificar la rapiña en nombre de la revolución y el engrandecimiento propio en nombre del engrandecimiento de la revolución: pensarás y te asombrarás: ¿qué justificación van a encontrar ellos? ¿qué barrera van a oponer?: no lo pensarán, disfrutarán de lo que les dejas mientras puedan; vivirán felices, se mostrarán adoloridos y agradecidos – en público, no pedirás más – mientras tú esperas con un metro de tierra sobre el cuerpo; esperas, hasta volver a sentir el tropel de pies sobre tu rostro muerto y entonces dirás

– Regresaron. No se dieron por vencidos

y sonreirás: te burlarás de ellos, te burlarás de ti mismo: es tu privilegio: la nostalgia te tentará: sería la manera de embellecer el pasado: no lo harás:

legarás las muertes inútiles, los nombres muertos, los nombres de cuantos cayeron muertos para que el nombre de ti viviera; los nombres de los hombres despojados para que el nombre de ti poseyera; los nombres de los hombres olvidados para que el nombre de ti jamás fuese olvidado:

legarás este país; legarás tu periódico, los codazos y la adulación, la conciencia adormecida por los discursos falsos de hombres mediocres; legarás las hipotecas, legarás una clase descastada, un poder sin grandeza, una estulticia consagrada, una ambición enana, un compromiso bufón, una retórica podrida, una cobardía institucional, un egoísmo ramplón;

les legarás sus líderes ladrones, sus sindicatos sometidos, sus nuevos latifundios, sus inversiones americanas, sus obreros encarcelados, sus acaparadores y su gran prensa, sus braceros, sus granaderos y agentes secretos, sus depósitos en el extranjero, sus agiotistas engominados, sus diputados serviles, sus ministros lambiscones, sus fraccionamientos elegantes, sus aniversarios y sus conmemoraciones, sus pulgas y sus tortillas agusanadas, sus indios iletrados, sus trabajadores cesantes, sus montes rapados, sus hombres gordos armados de aqualung y acciones, sus hombres flacos armados de uñas: tengan su México: tengan tu herencia:

Carlos Fuentes (México): *La muerte de Artemio Cruz* (Fondo de Cultura Económica, 1965)

2 pelado (Méx.): tipo despreciable. 7 las batallas y los jefes: es decir, de la revolución mexicana de 1910. 8 la rapiña: *rapine, greed.* 14 adoloridos: tristes. 32 podrida: pudrida. 37 granaderos (Méx.): cuerpo de policía. 38 agiotistas engominados: especuladores engreídos. 39 lambiscones: adulones. 39 fraccionamientos (Méx.): parcelas de tierra, objeto de especulaciones. 42 cesantes: desempleados.

[129]

El ganadero – que, impaciente por la prueba, ha madrugado más que el sol y ha puesto hoy a la urbana castellanía de su atuendo el ramate, homenaje a Andalucía, de un flamante sombrero cordobés – reitera sus órdenes de ayer. Es todo un señor con sus iguales y más, si cabe, con sus subordinados. Por eso marcha todo como una seda.

– Que saquen el caballo castaño, el del picador, y le pongan la morfina. . . . Luego, que le den un galope, para que se aplome bien. Como este año ha sido superior para los pastos, las vacas están gordas y no quiero que se soliviante a los golpes . . . ¡Guadalupe!, ¿han entrado las becerras al corral grande? . . .

Dan la respuesta las esquilas de los bueyes y los gritos de los vaqueros. Nos deslizamos sobre el reborde enladrillado que remata las tapias de los corrales y vamos a ver el ganado de tienta. Arropadas por los cabestros, las vacas han entrado en tropel. Su ímpetu se rompe contra el muro del corral como una viviente marea y, en su reflujo, las cabezas se agrupan en un informe amasijo del que emergen las liras de los cuernos. Algunos testuces están formidablemente armados.

– Ésas son vacas cinqueñas, para retienta. Pero la mayoría son utreras. Y las playeras, erales. Podía haber esperado con éstas un añito más, pero tengo curiosidad por ver cómo salen las hijas del 'Corbatero'...

– ¿Y los machos? ¿No los acosan en el campo?

– Cada vez se tientan menos. Entre nosotros decimos que 'un puyazo al toro en la tienta son dos puyazos menos en el ruedo'. Y como el toro se cría para el ruedo, preferimos darle cuatro años de gran vida con tal de que luego nos pague con veinte minutos de lidia brava. Por eso la tienta por acoso, tan bonita, está cada vez más en desuso y únicamente probamos los novillos que tratamos de elegir para simiente. Dos o tres por cada semental que necesitamos.

– Y de una camada ¿con qué criterio se seleccionan los que han de ser tentados para sementales?

– Con un criterio de... intuición. Hay que apoyarse en las notas genealógicas de sus padres y de sus colaterales, su finura y bonita lámina, en todos los datos que nos ayuden a prejuzgar sobre su bravura, trapío, codicia, nobleza. Después se les prueba ante el picador, sin torearles, porque el toro ha de conservar su virginidad para la lidia. Es animal con excelente memoria y gran capacidad de reflexión; y si se les probase con capote o muleta 'aprenderían latín' y no habría quién, el día de mañana, se les pusiese delante. Por eso esa tienta se hace sin público, en silencio, para ver cómo se comporta el toro frente al picador, y los quites han de hacerse a cuerpo limpio. Ni un pase, ni un capotazo. Se elige por semental el más codicioso en varas... y después sale lo que Dios quiere, porque el toro transmite lo que se ve y lo que no se ve, y hay ejemplares que hubieran sido colosales para el ruedo y no tienen potencia genésica para transmitir la bravura que ellos atesoran.

La gaceta ilustrada (España), 11 – V – 57

1 la prueba: la de la bravura de las reses. 2 castellanía: carácter castellano. 3 atuendo: indumentaria. 3 remate: toque final. 3 Andalucía: región considerada como centro de la actividad taurina en España. 4 sombrero cordobés: sombrero de ala ancha y plana. 4 reitera: repite. 9 se aplome bien (tauromaquia): se mantenga parado, no se mueva. 19 amasijo: mezcla, masa. 22 cinqueñas: de cinco años. 22 retienta: una segunda tienta. 23 utreras: novillas desde los dos años hasta cumplir los tres. 23 Y las playeras, erales: Y las de cuernos muy separados son erales, o sea novillas que todavía no han cumplido los dos años. 26 ¿no los acosan . . .?: ¿no los hostigan en el campo para probar su bravura? 28 puyazo: herida que se da con la pica. 28 dos puyazos menos: es decir que el toro resultará menos bravo. 32 por acoso: que se hace en el campo, en vez de en el ruedo. 39 colaterales: hermanos, primos. 40 lámina (tauromaquia): *profile view*. 41 prejuzgar: juzgar de antemano. 41 codicia: *readiness to take punishment*. 45 'aprenderían latín': frase hecha entre los toreros, la cual significa adquirir mucho conocimiento y sobre todo aprender que el capote y la muleta sólo son engaños. 48 quite: acto de alejar al toro del caballo. 49 a cuerpo limpio: sin capote ni muleta. 49 capotazo: pase de capote. 50 codicioso en varas: dispuesto a aguantar la pica. 53 genésica: para engendrar.

[130]

La administración de justicia se organiza con criterios funcionales y geográficos, así: un Tribunal Supremo, como máximo organismo judicial, con sede en Madrid y jurisdicción nacional, compuesto de una sala de asuntos civiles; otra, de materia criminal; otra, de asuntos sociales, y tres que examinan los recursos contencioso-administrativos. A nivel inferior al Supremo, existen audiencias territoriales, para los asuntos civiles y contencioso-administrativos, y audiencias provinciales con competencia en materia criminal. Las capitales de provincia y pueblos importantes cuentan con juzgados de primera instancia para lo civil y con juzgados de instrucción para lo criminal, dependiendo de las audiencias antes citadas. Finalmente, existen los juzgados municipales, comarcales y de paz, según el mayor o menor volumen de población en el lugar de su residencia.

Es digna de especial mención la jurisdicción contencioso-administrativa que, a través de las audiencias territoriales y de tres salas del Tribunal Supremo, brinda protección cierta y plena garantía a los particulares contra cualquier abuso de derecho o perjuicio ilegal que pudiera ocasionarle un acto administrativo. Regulada por reciente Ley (27 – XII – 1956), la jurisdicción contencioso-administrativa ofrece a los españoles o a los residentes en España garantías plenas de independencia, rigor jurídico y amplia protección contra actos singulares, lo mismo que contra disposiciones generales de la Administración, tanto contra los actos reglados como contra los discrecionales. De hecho, con frecuencia son examinadas por el Tribunal Supremo, a instancia de los particulares, decisiones de los Ministros y aun disposiciones normativas o actos singulares del propio Consejo de Ministros.

Entre las jurisdicciones especiales conviene recordar la laboral y la tutelar de menores. La primera, o Magistratura de Trabajo, ha resuelto y resuelve cada día muchísimos conflictos derivados de relaciones entre empresarios y trabajadores, asuntos de seguridad social o secuelas de accidentes profesionales. Los tribunales tutelares de menores ejercen, con gran sentido humano y poco formalismo, una doble función correctora y protectora de la juventud. No olvidemos, por fin, al Tribunal de Cuentas, que tiene encomendadas importantes funciones fiscales y jurisdiccionales relacionadas con las leyes presupuestarias o impositivas y con la contabilidad de todos los organismos del Estado.

España en síntesis (Servicio Informativo Español)

4 sala: *chamber*. 5 asuntos sociales: *industrial relations*. 6 contencioso-administrativos: respecto de conflictos entre los individuos y la Administración. 7 territoriales: con jurisdicción en un 'territorio' que consiste en una o varias provincias. 9 provinciales: establecidas en cada provincia, a nivel inferior a las territoriales. 11 de primera instancia: el primer grado por el cual tienen que pasar ciertos juicios para sentenciarse. 12 juzgados de instrucción: *Investigating Magistrates' Courts*. 24 rigor: *impartiality*. 25 singulares: individuales. 25 disposiciones: mandatos. 26 reglados: se dice de los actos de una autoridad pública cuando realiza las disposiciones de otra superior. 27 discrecionales: los que caen dentro de la competencia de una autoridad. 30 normativas: *of principle*. 33 Magistratura: tribunal. 43 impositivas: relacionadas con los impuestos.

INDEX (authors and sources)

(*numbers are those of passages*)

INDEX (subject matter)

(*numbers are those of passages*)

MORE ABOUT PENGUINS

Penguinews, which appears every month, contains details of all the new books issued by Penguins as they are published. From time to time it is supplemented by *Penguins in Print*, which is a complete list of all available books published by Penguins. (There are well over three thousand of these.)

A specimen copy of *Penguinews* will be sent to you free on request, and you can become a subscriber for the price of the postage. For a year's issues (including the complete lists) please send 30p if you live in the United Kingdom, or 60p if you live elsewhere. Just write to Dept EP, Penguin Books Ltd, Harmondsworth, Middlesex, enclosing a cheque or postal order, and your name will be added to the mailing list.

Note: *Penguinews* and *Penguins in Print* are not available in the U.S.A. or Canada

THE PELICAN LATIN AMERICAN LIBRARY

This series aims to dispel current ignorance of the internal concerns and external relations of the countries of South America and their many peoples.

THE TWENTY LATIN AMERICAS

Marcel Niedergang

In this work Marcel Niedergang, the well-known journalist on *Le Monde* and acknowledged expert on Latin American affairs surveys twenty independent Latin American republics from the geographical, social, economic and political points of view.

Volume 1 deals with Brazil, Argentina, Uruguay, Paraguay, Mexico, Guatemala, Honduras, El Salvador, Nicaragua, Costa Rica and Panama.

Volume 2 deals with Chile, Bolivia, Peru, Ecuador, Colombia, Venezuela, Dominica, Haiti, Cuba and the states of the Caribbean.

FOR THE LIBERATION OF BRAZIL

Carlos Marighela

A collection of writings by the man who, more than any other, shifted guerilla opposition to Brazil's fascist regime into the towns. Practical and non-doctrinal, Marighela's papers, which were instantly banned when they appeared in France, demonstrate how the struggle has developed since the death of Che Guevara.

THE PENGUIN BOOK OF SPANISH VERSE

No body of lyrical poetry is so seriously underestimated by British readers as the Spanish. For the majority, Spain is the country of a single prose masterpiece, *Don Quixote*, and of a dramatic literature much praised at home, which has, however, never been successfully translated, let alone presented on the British stage; Lope de Vega, Tirso de Molina, Pedro Calderón de la Barca, are no more than names to those who have not read them in the original. So, indeed, are the Spanish lyrical poets, though with the added disadvantage that here Spain has not the reputation of France or Italy. Nevertheless, during her two grand periods she was certainly the equal, and possibly the superior, of either in this field. These two great flowerings of Spanish poetry, to which this anthology is devoted, lasted, the first for upwards of two centuries, from the beginning of the fifteenth to halfway through the seventeenth, and the second for some fifty years, from the 1880s to the defeat of the Spanish Republic in the Civil War.

Penguin Parallel Text

SHORT STORIES IN SPANISH

This is a companion volume to the collections of Soviet, German, Italian, and French short stories which have already appeared in Penguin Parallel Texts.

The stories selected are representative of contemporary writing in Spanish from all parts, and seven of the eight included are the work of Spanish-American authors. The literal English translations, together with the notes and biographies of the writers, are intended to help English-speaking students of Spanish; but the book can also be enjoyed by readers with a knowledge of either language and an interest in modern literature.

PENGUIN FRENCH READER

Racine and Balzac are all very well for examinations: but what did they know about motor cars or supermarkets? The *Penguin French Reader* offers you workaday samples of modern French – from books and newspapers, circular letters, theatre programmes, brochures, anywhere. Funny, informative, provocative, or anecdotal, they represent the language a Frenchman is absorbing as the day goes by.

PENGUIN GERMAN READER

The exhaustive Goethe, if we are to believe Nietzsche, offered 'the most beautiful things in the world' along with 'the most ridiculous triflings': but he never wrote copy for Volkswagen or instructions for working a public telephone, did he? And that's where the *Penguin German Reader* (with extracts from papers, novels, books, plays and poems from both sides of the Iron curtain) scores over Goethe.

PENGUIN RUSSIAN READER

We are spared Dostoyevsky's 'intolerably boring' readings from his own works (to quote Stravinsky), but who can avoid an occasional yawn at the great 'Anna Karamazov' novels? For variety the *Penguin Russian Reader* offers a swatch-book of modern Russian as spoken on the Moscow Metro or in the streets, as written in periodicals and books, official notices and unpretentious print.